Ils nous traitaient comme des bêtes

Sara
Avec Célia Mercier

Ils nous traitaient comme des bêtes

Flammarion

ISBN : 978-2-0813-6500-1

Préface

Célia Mercier

C'est une maison en construction aux murs de béton nu. Les fenêtres n'ont pas encore été scellées. L'air glacé de l'hiver se glisse par toutes les béances de sa carcasse, à travers les bâches en plastique et les cartons, piètres remparts contre le froid humide. C'est ici que survit la famille de Sara[1]. La jeune femme de 28 ans, habillée d'une longue jupe beige et d'un gilet, porte un foulard de coton autour de la tête afin de se réchauffer. Elle prépare le thé pour ses tantes, ses cousines et son frère. Ils sont une vingtaine entassés ici, seuls rescapés d'une grande famille dispersée.

Blottis sous des couvertures, devant une chauffe-rette au kérosène, les enfants attendent leur tour pour le bain. Le bain… Un seau d'eau tiède pour les décrasser dans les minuscules toilettes à l'entrée de la maison. Parmi les petits, il y a Ester, deux ans et demi, frimousse joyeuse, emmitouflée de rose.

1. Dans cet ouvrage, tous les prénoms ont été modifiés.

Comme tous les jours, Ester veut appeler son père Serwan. Sa tante Sara lui tend un portable éteint. La petite le colle à son oreille : « Allô, papa ! Quand est-ce que tu reviens ? Quand est-ce que tu m'embrasseras sur les yeux ?… Tu me manques ! »

Son père Serwan gît dans une fosse commune aux abords du village de Kocho depuis le mois d'août. Mais la famille continue à faire comme si. Comme si bientôt tous les hommes allaient revenir sains et saufs, comme si la vie d'avant pouvait reprendre son cours là où elle s'est arrêtée. Chacun s'accroche à un espoir fou, irrationnel. Toute la journée s'écoule suspendue aux sonneries des téléphones. On attend les nouvelles des douze membres de la famille enlevés par Daech. Parfois, les femmes et les jeunes filles appellent. Elles, elles sont encore en vie. Elles sont quelque part, prisonnières, esclaves sexuelles du califat.

Enfouie sous deux couvertures épaisses, Berivan, la tante de Sara, est secouée de sanglots : « Ma fille, je veux ma fille ! Ma chérie ! Où es-tu ? » Seve a été arrachée à sa mère cet été, elle avait 12 ans. Elle a été vendue, comme ses cousines. Sara soupire avec tristesse : « Berivan ne mange plus, elle a tellement maigri. » Dans cette maison hantée par les absents, personne n'a d'appétit, personne ne trouve le sommeil la nuit. Kejal, la tante, s'exclame :

« J'aurais préféré qu'ils nous tuent plutôt qu'ils fassent subir cela à nos filles ! »

En bruit de fond, la guerre en direct à la télévision. Les informations, les scènes de combat, le fracas des armes, les clips vidéo à la gloire des peshmergas, les combattants kurdes irakiens. Parfois, aussi, la maison s'emplit d'un chœur funèbre. Les femmes fondent soudain en larmes à l'unisson, elles se lamentent et hurlent leur désespoir. Des vagues de douleur les étreignent et les laissent anéanties, hébétées. Pourquoi leur vie a-t-elle soudain basculé dans cet enfer qui n'en finit plus ? Qui peut supporter une torture si atroce ? L'attente les ronge.

C'est dans cette demeure en construction, sur une colline boueuse qui surplombe un camp de tentes à perte de vue, que j'ai rencontré pour la première fois Sara et sa famille. Quelques rescapés parmi ce million et demi de personnes jetées sur les routes du Kurdistan par la guerre, fuyant pour sauver leur vie et installées dans des abris de fortune. Pour les yézidis, une minorité religieuse kurde à laquelle appartient Sara, la tragédie a commencé en août 2014.

En pleines vacances d'été, des images surréalistes défilent soudain dans les journaux télévisés du monde entier. Des images d'un autre temps, celles d'un exode biblique, d'un peuple hagard, errant sur des terres de poussière, hommes, femmes, enfants terrorisés, poursuivis par l'armée funeste de Daech.

Sous le soleil brûlant de la province de Ninive, ils tentent de sauver leurs vies. Leurs montagnes sacrées du Sinjar sont un refuge. Mais, parmi ces dizaines de milliers d'âmes, les plus faibles ne survivront pas. Au bout de trois, quatre, cinq jours, il n'y a plus rien à manger, plus rien à boire. Les mères se taillent les veines pour désaltérer leurs enfants. Il n'y a aucun abri sous le soleil.

Les bébés meurent les uns après les autres, les plus âgés s'effondrent sur le sol. On les enterre à la va-vite dans la rocaille. La montagne se referme comme un piège sur tout un peuple. Jusqu'à l'intervention courageuse des milices kurdes syriennes du YPG, les unités de protection du peuple, appuyées par des frappes américaines, qui ouvriront un passage pour permettre aux yézidis de fuir vers la Turquie ou le Kurdistan voisin.

Pour ceux qui sont tombés aux mains du Califat, le destin sera la mort ou la captivité, entre les griffes sanglantes d'une secte fanatique. Les hommes seront exécutés en masse, d'une balle dans la tête, ou enterrés vivants au bulldozer. Les femmes seront emprisonnées et vendues comme esclaves sexuelles, tel du bétail. Un butin de guerre, une récompense pour motiver les troupes.

Enracinée dans la région de Sinjar, la communauté yézidie d'Irak compte environ 600 000 membres.

Elle a survécu dans cette région hostile à travers les siècles. Elle a déjà dénombré soixante-treize massacres dans son histoire millénaire. Cet été 2014, c'était le soixante-quatorzième, d'une cruauté sans égale. Une fois de plus, les yézidis sont persécutés à cause de leur religion, une croyance unique au monde et si ancienne. Le yézidisme trouve ses origines dans la Perse antique, il vénère un dieu unique, à la tête d'un conseil de sept anges, dont Malek Taous, l'ange-paon, le favori de Dieu.

Pourquoi une telle haine contre cette communauté paisible, qui vivait dans cette région reculée, cultivant sa terre et élevant des troupeaux de moutons ? Pour les fanatiques du Califat, les yézidis sont des adorateurs du diable, des sous-êtres, qu'ils se doivent de convertir ou de massacrer.

Aujourd'hui, la tragédie continue… Des milliers de personnes sont encore prisonnières de Daech. Les femmes qui ont pu fuir leurs geôliers reviennent avec des histoires d'horreur, de filles vendues ou tirées au sort, de viols collectifs dans des maisons désertées par les habitants. « Leur but était de ne laisser aucune fille vierge, explique une jeune activiste, qui a recueilli de nombreux témoignages, mais ils n'ont pas épargné les femmes mariées. »

Certaines jeunes filles ont été vendues et revendues à plusieurs reprises. Celles qui résistaient étaient données à des hommes âgés. Quant aux filles qui tentaient de s'enfuir, elles ont été rouées de coups, certaines ont même été électrocutées. Pour les survivantes, les nuits sont peuplées de cauchemars.

Nombre d'entre elles se sont installées avec ce qu'il reste de leur famille dans le gouvernorat de Dohuk, une province du Kurdistan autonome irakien, restée hors de portée des combattants du Califat. Ses 1,3 million d'habitants ont été épargnés par la déferlante de Daech. Mais, désormais, les carcasses d'immeubles en construction des villes et villages et d'immenses camps de tentes abritent 800 000 réfugiés. En grande partie, des yézidis. Quand pourront-ils rentrer chez eux ? Ils ne le savent pas. Ils n'en ont de toute façon aucune envie. Ils n'ont plus confiance dans leur gouvernement, ni dans leurs voisins des villages arabes qui les ont trahis. Ils veulent quitter ce pays où ils ne voient plus d'avenir. Leur peuple est en train de disparaître, leur culture ancestrale est saccagée, leurs familles sont détruites.

Dans le centre culturel de Lalish, qui préserve la culture yézidie, de nombreux activistes tentent de documenter les crimes commis contre leur communauté. De camp en camp, de village en village, ils interviewent d'anciens prisonniers, collectent les récits, enregistrent les témoignages, compilent les faits. Un matériel indispensable pour l'avenir : le gouvernement kurde a mis en place un comité dont la mission est de faire reconnaître le génocide des yézidis devant la justice internationale.

Le récit glaçant et courageux de Sara, corroboré tout au long de ce livre par ceux d'autres victimes, met en évidence le dessein de Daech : détruire tout un peuple.

Des voix qu'il faut entendre pour dénoncer avec elles cette barbarie insoutenable.

C. M.

Célia Mercier est journaliste et auteur. Elle a travaillé longtemps au Pakistan, comme correspondante pour le quotidien Libération, *ainsi qu'en Afghanistan et en Inde. En 2015, elle a effectué plusieurs séjours en Irak pour relater la situation des yézidis.*

Introduction

Si j'avais un homme de Daech en face de moi, je ne le tuerais pas d'une balle dans la tête. Je le ferais mourir d'une mort très lente, je lui ferais subir l'agonie que subit mon peuple.

Si je pouvais, je rejoindrais les montagnes pour aider nos hommes qui combattent, leur apporter des munitions. Même si je ne sais pas me battre, j'aurais voulu participer.

La nuit, je n'arrive pas à dormir, je pense à ma petite sœur Yasmine. La plus jeune de ma famille. Elle ne savait même pas laver ses vêtements toute seule, elle était tellement chouchoutée.

Un homme de Daech la retient prisonnière à Mossoul. Yasmine a été amenée chez lui, après avoir été vendue en Syrie. Nous arrivons parfois à nous contacter au téléphone. Je ne sais pas ce qu'elle a subi là-bas et elle ne me le dira pas pour ne pas m'inquiéter. Je sais qu'elle a essayé de s'enfuir. Mais ils l'ont rattrapée.

Dans mon village, nous étions des gens très pacifiques. Les hommes de Daech ont demandé nos armes, nous leur avons données, ils ont réclamé notre or, nous leur avons donné. Mais ils n'ont épargné personne.

Je pense souvent aux hommes de mon village. Daech aurait pu les garder prisonniers, ils n'avaient commis aucun crime. Les combattants du Califat nous promettaient au nom de leur dieu qu'ils allaient nous libérer. Ils nous ont menti.

Ils étaient froids comme des pierres, ils n'étaient même pas apitoyés par les larmes des jeunes filles qui les suppliaient. Ils ont battu presque à mort une vieille femme qui les implorait, ils l'ont frappée à coups de barre de fer sur la tête. Quand vous avez vu cela de vos yeux, vos larmes ne s'arrêtent plus de couler. Ce ne sont pas des êtres humains, ce sont des animaux.

Ce que les femmes yézidies subissent, il n'y a rien de pire. Je pense aux prisonnières de Tal Afar et de Mossoul… Si vous aviez vu les femmes quand elles revenaient dans notre prison après avoir subi les viols, leur détresse, les larmes silencieuses sur leurs joues, c'était horrible.

Au début, les hommes du Califat disaient aux femmes mariées : « C'est haram d'avoir des relations sexuelles avec vous. » Mais, finalement, ils ne respectaient même pas cela, ils prenaient aussi des mères de famille pour se satisfaire.

Le soir où ils ont pris les fils à leurs mères, les femmes étaient comme des louves qui hurlaient à la mort. Alors, ils frappaient les mères et arrachaient les petits garçons. Ils ne disaient pas où ils emmenaient les enfants.

Dans notre deuxième prison, il n'y avait rien à manger. Tous les petits pleuraient. Quand les femmes demandaient à boire pour leurs enfants, les gardes se moquaient d'elles.

Il n'y a aucun mot pour décrire leur barbarie.
Leur idéologie est une perversion. Comment peut-on être si cruel ? Ils ont commis tous leurs crimes au nom de leur religion.

En détention, j'étais dans un état misérable. Je pensais tout le temps à mon père, à ma mère, à mes frères, à tous les membres de ma famille, je me demandais s'ils étaient dans une situation pire que la mienne. Je pensais à mon père chéri, est-ce qu'il supporterait la captivité, lui qui faisait tellement attention à sa santé ? Je m'allongeais par terre, sur le côté, dans la même position que mon père prenait quand il faisait sa sieste. Je me souvenais des moments où je l'aidais à préparer ses affaires quand il devait voyager, je lui mettais ses plus beaux habits dans sa valise. J'avais tellement hâte qu'il revienne.

Mon fiancé, l'homme que j'aimais, a survécu. Mais maintenant je ne songe même plus à me marier. Il n'y a plus rien dans mon cœur. Je n'attends plus rien dans ce monde à part le retour de mes proches. Je prie devant le soleil le matin et le soir, les mains ouvertes. Je prie pour ma famille, pour qu'ils reviennent tous sains et saufs. Pourrons-nous un jour vivre à nouveau ensemble en paix sur la terre de nos ancêtres ?

1

Au commencement…

2014. Début juin, le 10 exactement, la ville de Mossoul, en Irak, tombe aux mains du groupe terroriste État islamique. Tous les haut-parleurs hurlent : « État islamique ! Daoulat Islamiya ! » Leurs combattants ont déferlé par milliers avec le renfort d'autres groupes djihadistes. Mossoul est la deuxième plus grande ville de notre pays, elle abrite 2 millions d'habitants.

Sidérés, nous regardons les informations à la télévision sans y croire. D'après mon père, l'armée irakienne a trahi et les soldats se sont enfuis… Nous pouvons nous attendre au pire. Ces Daech sont des combattants sunnites, opposés au gouvernement irakien qu'ils considèrent comme prochiite. Ils veulent créer un califat. On dit qu'ils ont été créés par des anciens des services de Saddam Hussein et des djihadistes.

Les chrétiens quittent la ville en catastrophe. En tout, 500 000 habitants prennent la fuite en abandonnant tout derrière eux.

*

Nous sommes très inquiets, nous vivons non loin de Mossoul. Notre village de Kocho se trouve dans la province de Ninive, aux confins du Kurdistan autonome, près des plaines fertiles des rives du fleuve Tigre.

C'est là que je suis née, un jour de printemps, dans la maison familiale. À l'époque, les femmes n'allaient pas encore à l'hôpital pour accoucher. Les femmes ici doivent être solides, elles enchaînent les grossesses. Les fratries comptent dix, douze, quatorze enfants parfois. Le ventre des femmes reste rond pour toujours, même après leurs accouchements. Les vieilles dames ici ont toutes le ventre si rebondi qu'on les croirait perpétuellement enceintes.

Ma tante Kejal, la petite sœur de mon père, et une sage-femme ont assisté ma mère, allongée sur son lit de douleur. C'est ma tante qui a trouvé mon prénom. Elle a dit à mon père : « J'aime Sara, cela va bien à cette petite poupée, elle est tellement mignonne. » Pour fêter ma naissance, ma famille a distribué des chocolats et des sucreries à tout le village. Puis le septième jour, ma mère a sacrifié un poulet afin de remercier Dieu. Cette même année, on a célébré mon baptême à Lalish, le lieu saint des yézidis. Au bord de la Source blanche, le prêtre a versé un peu d'eau sur mon front pour marquer mon entrée dans la communauté.

Les enfants naissent envers et contre tout sur ces terres hostiles. La tragédie du peuple kurde est d'être un peuple sans pays, une nation que les Européens ont morcelée entre les frontières, dispersée entre Irak, Turquie, Iran, Syrie… Son histoire, depuis, est celle de la résistance contre l'oppression de régimes autoritaires qui refusent sa culture. En 1970, Saddam Hussein a promis l'existence d'un Kurdistan autonome dans le nord de l'Irak, il n'a pas tenu parole. Les Kurdes ont subi toutes les persécutions de son régime. Et au cœur de cette région kurdophone du nord de l'Irak, j'appartiens à une minorité elle-même discriminée. Je suis yézidie.

*

Aujourd'hui, au nord du croissant fertile de la Mésopotamie, berceau de civilisation où fut inventée l'écriture, nous sommes les héritiers d'une des plus anciennes religions du monde. Une religion qui existait bien avant celle des juifs, des chrétiens et des musulmans. Notre calendrier remonte à 6 765 ans.

Notre prince yézidi s'appelle le « Mîr », et notre chef spirituel est le Baba Cheikh. Toute une caste yézidie est chargée des affaires religieuses, les cheikhs. Ils sont responsables des funérailles, ils lavent les morts et pratiquent les rituels. Ils s'occupent aussi des médiations en cas de conflits entre familles. Les pirs, eux, s'occupent des lieux de cultes, des sanctuaires, de l'entretien des temples. Ce sont les prêtres. Les cheikhs et les pirs sont en haut de la hiérarchie. Nous, les gens de la caste mourid, nous sommes le peuple. Nous suivons nos Aînés, nos chefs spirituels.

Nous vénérons les éléments de la nature : le soleil, la lune, le feu et l'air. Le plus sacré est le soleil, nous prions face à cet astre, symbole de la lumière divine qui illumine toute chose. Notre montagne du Sinjar est sacrée elle aussi, elle est notre mère et nous protège. Au printemps, elle est exquise, recouverte de verdure et de fleurs. L'air est parfumé, le ciel ensoleillé et chacun oublie ses soucis face à ce paysage magnétique. Des coquelicots fleurissent partout, et notre cœur est léger.

Je m'intéresse beaucoup à la religion et je suis très croyante. Après la mort de mon grand-père, quand j'étais toute petite, maman m'a donné une perle en argile blanc de Lalish, le symbole du yézidisme. J'étais très triste et je la serrais fort dans mon poing en pleurant. Notre prêtre nous avait expliqué que même si le corps se décompose, notre âme poursuit son voyage et s'installe dans un autre corps. Si l'on a été un être mauvais, on se réincarne en animal. Si l'on a mené une vie bonne et juste, on se réincarne en humain. Jusqu'à ce que l'âme soit purifiée.

Chez moi, on invoque le nom de Dieu, Xwede, avant les repas, ou dans les situations difficiles, pour qu'il nous vienne en aide. On invoque aussi l'ange-paon ou Cheikh Adi, le grand saint yézidi. En revanche, je ne prie pas souvent. Maman dit que si on ne fait rien de mal aux autres, la prière est inutile. Elle sert seulement à racheter ses péchés.

Nous avons beaucoup de rites particuliers, et notre jour férié est le mercredi. Ma fête yézidie préférée se déroule à la mi-avril, c'est le Mercredi rouge, notre nouvelle année. Il célèbre la création du monde, quand la lumière du soleil a embrasé le ciel. La veille du Mercredi rouge, les enfants cueillent des coquelicots sauvages dans les prés. Puis, à l'aube, ils préparent un mélange de pétales, de coquilles d'œuf et de terre qui est appliqué sur le fronton des maisons. Les femmes cuisent des œufs durs, ensuite délicatement peints de toutes les couleurs pour représenter la planète terre. Les enfants vont alors de maison en maison souhaiter la bonne année aux voisins, qui leur offrent des œufs décorés. Nous déjeunons en famille dans un champ et nous jetons les coquilles d'œuf au sol pour bénir la terre. Enfin, on se rend au cimetière honorer les morts.

À la fin de l'hiver, en mars, nous fêtons aussi le nouvel an kurde de Norouz. La montagne se remplit de monde, toutes les familles vont pique-niquer sur l'herbe. Les gens dansent ensemble dans la rue au rythme des musiques traditionnelles kurdes, il y a des barbecues en plein air, des feux de joie.

L'autre fête que j'attends avec impatience, c'est la fête d'Ezi, un nom sacré de Dieu, qui commence par un jeûne. Le jeûne débute à 5 heures du matin quand il fait encore nuit, et se poursuit jusqu'au coucher du soleil, cela durant trois jours. Dans les castes religieuses, le jeûne peut durer douze jours en tout, entrecoupés de fêtes. Lorsque les jours de jeûne s'achèvent, les gens s'invitent, les voisins viennent à la maison et apportent des chocolats, des sucreries… Tout le monde se souhaite une bonne fête. Les familles décorent les maisons.

Notre grand prêtre nous a raconté la création du monde. Il a étudié nos deux livres sacrés, le *Livre des Révélations* et le *Livre noir*. Il appartient à la caste des pirs. C'est un homme sage et respecté. J'ai toujours été fascinée par son discours.

Au commencement, Dieu, Xwede, créa la perle blanche ainsi qu'un oiseau. Il plaça la perle sur son dos, elle y resta durant quarante mille ans. Puis Dieu a soufflé sur la perle, qui a éclaté en plusieurs morceaux. Le plus grand d'entre eux est devenu le soleil, les autres se sont transformés en étoiles ou en nuages. De leur pluie est apparue la mer. Dieu a créé sept anges, puis il a créé un bateau pour qu'ils puissent voyager sur la mer en toutes directions.

Pour créer la terre, il a jeté Lalish, notre lieu saint, dans la mer. Les sept anges débarquèrent alors sur le rivage de Lalish. Selon nos croyances, les yézidis ont été les premiers êtres humains nés d'Adam, à la création du monde.

Parmi les sept anges de Dieu, nous vénérons Malek Taous, l'ange-paon, comme nos ancêtres avant nous. Au début, Dieu a dit à Malek Taous : « Je suis le Dieu unique et tu ne te prosterneras que devant moi. » Ensuite, quand il a créé Adam et lui a insufflé une âme, il a ordonné à ses anges de s'agenouiller devant l'homme. Tous les anges ont obéi, sauf l'ange-paon. « Seigneur, a déclaré ce dernier, tu nous as dit de n'adorer que toi ! Pourquoi m'agenouillerais-je devant Adam ? » Alors Dieu, impressionné par sa ferveur, l'a récompensé en lui donnant le rôle de chef des autres anges.

L'islam raconte un peu la même histoire, sauf que l'ange qui refuse de s'agenouiller devant Adam est exclu du paradis, et devient le diable. Mais notre ange-paon n'est pas le diable. Nous ne vénérons pas le mal, nous n'agressons pas les autres. Nous savons que Dieu a tout créé et pensons que chacun est libre de suivre sa religion. Le bien et le mal existent en chacun de nous, à nous de sortir des ténèbres. Nous suivons trois grands principes : la vérité, la connaissance et le mérite.

C'est à Lalish, notre lieu sacré, que Cheikh Adi, un mystique soufi, a été enterré au XIIe siècle. Il venait de la plaine de la Bekaa au Liban. Après avoir étudié à Bagdad, il a rejoint les montagnes kurdes pour s'isoler et méditer. C'était un saint homme, on dit qu'il était une réincarnation de l'ange-paon, venu sur terre pour nous guider. Il a réformé notre religion et, à sa mort, son mausolée est devenu un lieu de pèlerinage.

Je me souviens de mon premier pèlerinage à Lalish. J'avais 19 ans. Nous étions partis en voiture avec l'un de mes oncles et ma sœur Shamal. Le trajet avait duré six heures sur une route magnifique. J'étais fébrile à l'idée de découvrir ce lieu saint, là où j'avais été baptisée bébé.

Le temple de Lalish était niché au creux de collines boisées, au bout d'une route bordée d'oliviers et de figuiers. On apercevait de loin ses dômes coniques qui représentent les rayons du soleil illuminant la Terre. Nous avions gravi pieds nus, en signe d'humilité, la dernière partie du chemin, jusqu'à la place pavée ombragée d'arbres centenaires.

Dans la cour se tenait le grand prêtre. Un homme au visage bienveillant et à l'épaisse barbe noire. Il était très digne dans sa longue tunique blanche, sa tête coiffée d'un turban, ses pieds chaussés de sandales en cuir cousues à la main. Nous avions embrassé sa bague.

À l'intérieur du temple, une cour de pierre donnait accès à la tombe de Cheikh Adi, notre saint le plus vénéré. Le *Livre noir* lui est attribué. Il décrit la cosmogonie, l'origine des hommes, l'histoire de notre religion et ses interdits. Par exemple, d'après notre prêtre, il est interdit de cracher afin de ne pas souiller l'air, de couper des arbres, ou de se laver le jour saint du mercredi.

À l'entrée du mausolée, un grand serpent noir était sculpté dans la pierre. C'est un emblème protecteur. Le serpent noir s'est lové dans la fissure de l'arche de Noé, lorsque celle-ci a heurté une montagne pendant le déluge. Le serpent a sauvé le prophète Noé et tous les animaux. Il représente aussi la sagesse et la connaissance. Avant de pénétrer dans l'enceinte, il faut l'embrasser avec respect.

Dans la pénombre du tombeau, des pans de tissus chatoyants aux couleurs de l'arc-en-ciel étaient attachés au mur. À leurs extrémités étaient noués de petits nœuds. Selon nos rites, on dénoue l'un d'eux, pour dénouer symboliquement le problème d'un pèlerin. Puis on noue un nouveau nœud dans la soie avec notre propre requête.

En sortant du temple, nous avions croisé des voyants, qui servent dans le sanctuaire. Ils sont capables de lire l'avenir, ils peuvent prédire ce qui arrivera à notre âme après la mort. J'avais aussi aperçu des femmes voyantes, vêtues de robes blanches et voilées d'un blanc immaculé.

Derrière le temple, nous avions remonté un sentier qui grimpe au sommet d'une colline, appelée le mont Arafat. Sur le chemin, trois serviteurs du temple déposaient des lampes à huile dans les anfractuosités de la roche, jusqu'en haut de la colline. Ils en allument 365 avant la nuit, chaque flamme représentant un jour de l'année. Au sommet, il y avait une vue splendide sur la vallée et le petit village. On se sentait apaisé, serein.

*

Mon grand-père affirmait qu'autrefois tous les Kurdes étaient yézidis. Notre religion existait déjà dans l'Antiquité. Elle trouve ses racines dans l'Iran ancien, à la même époque sans doute que le culte de Mithra et le zoroastrisme. Puis nos croyances originelles ont dû se recouvrir d'un vernis d'islam et de chrétienté au fil des siècles.

Nos ancêtres seraient les tribus mèdes d'Iran qui pratiquaient la religion yézidie. Notre peuple a souvent été persécuté et mis en esclavage, plus de soixante-treize massacres ont été dénombrés depuis le VIIe siècle. Notre histoire a souvent été écrite dans le sang. Lorsque l'islam est arrivé sur nos terres, les yézidis ont été convertis par la force, au fil de l'épée. Ceux qui résistaient ont dû fuir dans les montagnes, et vivre isolés du monde. Ils ont été persécutés par les Kurdes musulmans, par le Califat arabe, puis par l'Empire ottoman. Et, aujourd'hui, les massacres continuent. Les hommes de Daech pensent que nous sommes des païens et que notre sort doit être la mort ou l'esclavage.

2

Une enfance dans le Sinjar

J'ai vu le jour dans une famille déjà très nombreuse. À la maison vivaient mes grands-parents paternels, ma tante Kejal et deux jeunes frères de mon père qui n'étaient pas mariés. Et, surtout, mes sept frères et sœurs. Je suis le huitième enfant.

Mes parents ont d'abord eu trois fils, puis quatre filles d'affilée. Quand maman était enceinte de moi, elle espérait avoir un fils. Dans notre pays, on préfère les fils : pour la naissance d'un garçon, mon grand-père sacrifie un mouton, rien pour une fille.

Ma famille fut tout de même très heureuse, et maman affirme même aujourd'hui qu'il est bien mieux d'avoir des filles, car elles restent proches de leur mère. Alors que les fils s'attachent à leurs épouses et vous oublient.

Lorsque je suis née, mon frère le plus âgé devait avoir aux alentours de 16 ans. Nous ne connaissons pas notre date de naissance exacte, n'ayant aucun certificat pour nous renseigner. Je sais simplement que je suis née au printemps, et très probablement en 1986. Un an après moi viendront Kovan, puis, quelques années plus tard, un autre petit frère, Sangar, et enfin ma sœur Yasmine.

Je me souviens encore de la grande fête célébrée pour la circoncision de mon petit frère Sangar. Maman avait préparé mon plat préféré, le *biriyani* avec du poulet. C'est un plat de riz avec des noix de cajou, des raisins secs, des épices et des morceaux de poulet effilochés, tellement parfumé qu'il embaumait la maison. Toute la famille du village était présente en tenue de fête, mes oncles, tantes, cousins, mais aussi tous les voisins et les notables de la communauté. Une centaine d'invités peut-être.

Papa avait assis Sangar solennellement sur les genoux de son parrain, un Arabe musulman d'une tribu voisine, chargé de le tenir pendant sa circoncision. Le prêtre yézidi avait coupé le prépuce avec une lame de rasoir, tandis que mon frère hurlait de douleur.

Le sang de l'enfant versé sur la tunique du parrain représente le lien qui va les unir. Le parrain choisi pour une circoncision est généralement un musulman. C'est un moyen pour les yézidis de créer un lien symbolique avec une famille musulmane. Une tradition importante pour nous, qui sommes une minorité. Les hommes de ma famille ont donc tous des parrains arabes sunnites dans les villages aux alentours.

*

Mon père et ma mère ont toujours été très amoureux l'un de l'autre. Ils se connaissent depuis leur jeunesse, ils étaient voisins. Mon père est un gaillard costaud, solide, à la moustache fière et ma mère une petite femme d'une grande beauté. Maman est très affectueuse et très énergique, elle aime bien aussi les plaisirs de la vie, boire une petite bière fraîche pendant l'été par exemple.

Comme toutes les femmes du village, elle est mère au foyer. Elle a élevé ses onze enfants et s'est toujours occupée de la maison. Tôt le matin, elle cuisine des galettes en pétrissant de la farine et de l'eau qu'elle aplatit en boules. La farine vient du blé de nos terres. Chez nous, le blé est planté début février, à la fin des « quarante jours d'hiver », une période sacrée qui dure de mi-décembre à fin janvier, pendant laquelle les prêtres yézidis observent le jeûne jusqu'au coucher du soleil. Rien ne pousse pendant ces quarante jours d'hiver, on dit que la terre dort. Quand les beaux jours reviennent, les champs sont semés, et la récolte a lieu fin mai. La moisson est une grande fête, les sacs de grains sont emportés chez le meunier, qui les broie au moulin électrique, avant de mettre la farine en sac. Le blé est la base de notre nourriture, il sert à faire du pain, de la semoule et du blé cassé. Pour le fabriquer, maman le fait bouillir dans de grandes marmites, avant de le laisser sécher au soleil pendant deux jours sur le toit terrasse de la maison.

Tous les matins, maman surveille aussi la traite des brebis. Nous possédons un grand troupeau de moutons pour la laine et la viande, et nous vendons du lait et du yaourt. Ma mère baratte du beurre frais à la main. Pour le déjeuner en été, elle prépare une boisson rafraîchissante à base de yaourt, d'ail, de sel, de concombre et d'aneth.

Nos terres s'étendent sur plusieurs centaines d'hectares. La plupart des villageois ici possèdent de grands domaines. Notre village est si prospère qu'il est considéré comme un petit « Koweït » par les gens du coin. Nous avons l'électricité, et l'eau courante grâce à un puits très profond, qui fonctionne avec une pompe électrique. Les champs sont irrigués avec des puits à moteur. Des ouvriers agricoles travaillent dans notre domaine, ils me saluent quand ils passent en tracteur.

Sur nos terres, nous faisons pousser de l'orge, du blé, des tomates, des pommes de terre, des oignons, des pastèques, de l'ail, des olives… Nos champs et nos potagers regorgent de tout. Dans notre ferme, nous possédons aussi plein d'animaux. Nous avons des chiens de garde pour protéger la maison, des ânes pour transporter les récoltes, des poules pour les œufs. Nous avons des colombes, des canards, des oies, des dindons, des lapins… Ce sont des animaux de compagnie, mais ils peuvent aussi finir à la casserole comme menu spécial pour les invités.

*

Je n'ai pas pu poursuivre ma scolarité très longtemps. Ici, l'école n'est obligatoire qu'à partir de 7 ans. Petite, je regardais avec envie mes frères et sœurs qui s'en allaient, chaque matin à 7 h 30, cartable sur le dos. Puis ce fut enfin mon tour.

Je me souviens encore de ma première rentrée des classes, j'étais tellement heureuse ! Pour l'occasion, maman m'avait préparé une belle robe à fleurs, elle avait natté mes cheveux avec un ruban. À l'école, pas d'uniforme, les élèves peuvent porter leurs habits de tous les jours. J'avais accompagné fièrement mes frères et sœurs sur le chemin en faisant un signe d'adieu à mon petit frère Kovan, en larmes de nous voir partir. À l'école, j'avais retrouvé de nombreux enfants du village, des voisins, des cousins.

L'école était mixte mais je m'entendais surtout avec les filles et je me suis fait des amies, Rana et Shukriya, assises à côté de moi en classe. Nos professeurs étaient kurdes et enseignaient en kurde, bien que l'école soit officiellement en arabe. J'étais une fillette plutôt sage. Les professeurs donnaient des coups de baguette sur la paume des mains des enfants qui n'écoutaient pas.

L'école se terminait après le déjeuner. Je rentrais alors à la maison et m'installais par terre sur un tapis pour jouer aux cartes et au backgammon avec mon grand frère Azad et mes sœurs. Nous faisions des parties endiablées tout l'après-midi. Parfois, mamie acceptait de nous conter une histoire. Nous nous asseyions alors autour d'elle afin de l'écouter alors qu'elle triait une assiette de lentilles pour en ôter les petits cailloux de ses mains sèches comme du parchemin.

Plus rarement, quand il était en verve, c'était au tour de mon père de nous raconter l'histoire du héros Daoude Daoud : « Autrefois nos ancêtres vivaient dans l'Empire ottoman. Mais quand celui-ci a été découpé en plusieurs pays, notre région de Sinjar a été rattachée à l'Irak, une nouvelle république. Dans le nouvel État, tout le monde devait faire le service militaire. Mais les yézidis en étaient dispensés par décret royal depuis 1849. Comme Bagdad voulait leur imposer, ils demandèrent la création d'une unité spéciale yézidie. Ce qui fut refusé. Daoude Daoud, un chef local, lança alors une révolte contre le régime. Mais la répression fut terrible, les villages furent brûlés, les habitants déportés. Daoude Daoud dut fuir en Syrie. »

Je m'endormais alors, en rêvant à notre héros yézidi.

*

Après ma dernière année en école primaire, papa m'annonça que j'allais arrêter ma scolarité. L'école secondaire la plus proche était à trente kilomètres du village et, la route étant très mauvaise, il fallait s'y rendre à pied, ce qui représentait six heures de marche… Pas question de faire les trajets tous les jours, mon père a donc décidé que, désormais, j'allais rester à la maison. Je l'ai vécu comme une grande injustice. Je désirais devenir professeur et voilà que tout s'effondrait.

Il est vrai que le niveau de notre école n'était pas très bon. Les professeurs ayant un salaire très bas, ils devaient exercer un second métier pour survivre et ne venaient pas toujours assurer leurs cours. Du coup, la plupart des familles préféraient que leurs enfants se mettent au travail le plus tôt possible.

J'avais beau supplier mon père, il me répliquait : « C'est plus important que tu aides à la maison. Et puis, qu'est ce que tu vas faire de plus avec un diplôme ? Tu auras un salaire ridicule de professeur ? C'est un métier trop mal payé. »

Mes petits frères, Sangar et Kovan, eux, en tant que garçons, ont pourtant pu poursuivre leur éducation : ils ont été envoyés chez un oncle de mon père qui habite le village où se trouve le collège.

Je prenais alors conscience que ma vie allait être bien monotone. Mon frère Azad avait lui aussi arrêté l'école à 12 ans, à son grand regret. Il travaillait dans la ferme de notre père, conduisait des tracteurs et pétrissait des briques d'argile.

Trois de mes grandes sœurs étaient déjà mariées. Ma sœur Dalya avait quitté la maison à l'âge de 16 ans pour s'installer avec Raman, son époux, de quinze ans son aîné. Raman avait beaucoup insisté pour obtenir sa main et elle avait fini par accepter, même si elle n'était pas intéressée au début. Il était très aisé et la traitait avec respect. Malgré tout, elle m'avait conseillé de ne pas me marier trop jeune. Elle trouvait que cela impliquait beaucoup de responsabilités, surtout avec la naissance de ses enfants.

Désormais, je n'avais plus qu'à rester à la maison en attendant le jour de mes noces. Tout aurait pu être différent si le gouvernement avait ouvert une école secondaire dans mon village. De nombreux enfants ont été contraints de dire adieu à leurs rêves à cause de la négligence de l'État pour les habitants du Sinjar.

3

Une guerre sans fin

Été 2014. Après l'arrivée de Daech à Mossoul, les tensions se font plus vives. Mon frère Azad, qui travaille dans un hôtel à Erbil, nous raconte qu'il se dispute avec des clients, des Arabes sunnites originaires de Tikrit, la ville de naissance de Saddam Hussein. Ces derniers affirment que le chef de Daech, al-Baghdadi, est un nouveau prophète, et qu'il va défaire le Premier ministre irakien Nouri al-Maliki, chiite trop proche de l'Iran.

Azad pense que ces combattants sunnites de l'État islamique sont des pervers et des fanatiques. Mais de nombreux habitants de Mossoul ont accueilli ces terroristes. Ils ont aidé Daech à entrer dans la ville. Au début, Azad est persuadé que les Américains viendront reconquérir Mossoul. Mais rien ne se passe. Peu après, al-Baghdadi fait son discours triomphal à Mossoul et annonce l'instauration d'un califat.

Les clients de l'hôtel originaires de Tikrit se félicitent. Quelques semaines plus tard, quand Daech fera exploser la mosquée construite sur le tombeau du prophète Jonas, ils se montreront moins enthousiastes. Ils tenteront de se persuader : « C'est un complot ! C'est l'œuvre d'Israël et de l'Iran, pas de Daech. » Pourtant les hommes du Califat ne vont pas s'en tenir là.

*

Depuis que je suis née, mon pays a été ravagé par la violence. Alors que je n'étais qu'un bébé, la guerre faisait déjà rage en Irak depuis six ans. En 1980, notre président Saddam Hussein a attaqué l'Iran en prétextant une dispute de frontière. Il était inquiet que la révolution islamique de Téhéran ne se propage, l'Iran appelant les chiites irakiens à se soulever contre son régime. Saddam Hussein espérait faire de l'Irak une puissance glorieuse, qui renverserait le régime de l'ayatollah Khomeini avec une victoire éclair. Mais la guerre s'est enlisée.

Ma famille possédait alors une télévision qui fonctionnait avec une batterie de voiture. Sur la chaîne unique, irakienne et en noir et blanc, les images des combats, à la gloire de notre *raïs* Saddam Hussein, défilaient.

En 1986, à ma naissance, l'époque était toujours très sombre. Régulièrement, les corps des martyrs morts au combat étaient rapatriés au village. Lorsqu'une voiture surmontée d'un cercueil apparaissait à l'horizon, c'était la panique générale. Chaque famille avait des fils, des frères, des cousins envoyés au front par Bagdad.

L'enrôlement était obligatoire, mais beaucoup d'hommes refusaient d'aller à la guerre. Pour ceux qui désertaient, c'était la prison ou la peine de mort. La seule issue était de rejoindre la guérilla kurde dans les montagnes. Sur le front, c'était l'hécatombe. En l'espace de deux mois, trois membres de notre famille et six villageois avaient été tués.

Un jour, un cercueil enveloppé du drapeau irakien a été déposé devant une maison du village. C'était un cousin de papa, parti sur le front. « Il est mort en héros », assurait le militaire qui avait ramené le cercueil. « Il a voulu porter secours à un ami blessé, il est parti le chercher au milieu des balles qui sifflaient. Mais il a été touché à son tour. » Cette guerre a fait en tout plus d'un million de morts, en Irak et Iran.

Mon père aussi était dans l'armée. Quand il s'est marié, il était chauffeur militaire, il conduisait une Jeep. Un jour, il a eu un grave accident et a reçu des fragments de métal dans le corps. Il est rentré à la maison, couvert de bandages. Sa convalescence a duré un mois.

Il a ensuite été renvoyé deux ans sur le front. Mais il en a eu assez. Il jugeait que cette guerre n'était pas la sienne, que c'était « juste pour le pétrole et les terres », que « les gens avaient tout à y perdre ». Il pensait que s'il mourait, sa famille se retrouverait dans la détresse. Alors lui aussi a déserté. Il a été capturé et mis en prison pendant quelques mois. Mais il a finalement bénéficié d'une amnistie du gouvernement.

*

En 1988, j'avais deux ans. Je menais une vie insouciante de petite fille. Dans notre grande ferme ancestrale, je me promenais pieds nus dans le jardin, je courais après les poules et je caressais les agneaux tout juste nés.

C'est à cette époque que des rebelles kurdes, avec l'aide des gardiens de la révolution iraniens, ont pris possession de la ville d'Halabja, qui abritait 60 000 habitants à la frontière de l'Iran. Pour Bagdad, ces rebelles étaient des traîtres. Ali le Chimique, le cousin de Saddam, a alors envoyé ses avions de chasse remplis de gaz toxique punir les habitants d'Halabja. Cinq mille personnes sont mortes. Les trois quarts étaient des femmes et des enfants. Voilà ce qu'on entendait à la radio. Le soir, papa et ses invités se lançaient dans des discussions véhémentes en buvant du thé sucré et en fumant des cigarettes.

Papa expliquait que le régime de Saddam Hussein était très cruel avec les Kurdes. Et nous les yézidis, nous ne sommes pas reconnus officiellement. Nous devons nous enregistrer en tant qu'Arabes. Le parti

Baas nous a maintenus dans l'isolement et la pauvreté. De nombreux villages yézidis ont été colonisés par des Irakiens arabes, envoyés par le régime. C'était la politique d'arabisation de la région kurde. Les villages yézidis étaient réquisitionnés et vidés de leurs habitants, entassés dans des camps, pour les surveiller et les couper de leurs racines.

*

Quelques années plus tard, c'était à nouveau la guerre. J'avais 5 ans. Nous étions tous devant la télévision, les adultes, inquiets : « Le pays est en faillite et Saddam Hussein a envoyé nos troupes prendre le Koweït. » « Les Américains vont attaquer. » « L'armée irakienne pille les maisons et brûle les puits de pétrole. » Notre *raïs* apparaissait à l'écran. Moi, il me faisait peur.

Les étrangers ont attaqué notre pays. C'était l'opération « Tempête du désert », lancée le 17 janvier 1991. Une opération militaire de la coalition internationale pour venir au secours du Koweït. La guerre a duré six semaines, plongeant le pays sous un tapis de bombes. Cent trente-cinq mille personnes ont été tuées, soldats, civils… Des milliers de personnes ont dû fuir leurs maisons.

Le petit frère de Kejal et de papa, mon oncle Hassan, qui n'avait que 17 ans, avait été envoyé au front.

Il était dans l'obligation de partir combattre, sous peine d'être exécuté. Plus tard, des voisins nous avaient raconté que des vendeurs ambulants, considérés comme des déserteurs, avaient été fusillés par des soldats irakiens. De notre côté, nous n'avions plus de nouvelles d'Hassan depuis plusieurs semaines. On disait qu'il avait été kidnappé.

Il est revenu au bout de trois mois : il avait été fait prisonnier. Il n'était plus que l'ombre de lui-même, il disait qu'il avait été « torturé avec des clous ». Comme il ne pouvait plus continuer ses études, il est resté à la maison. Lui si actif semblait être devenu très vieux, et avait du mal à se déplacer.

La coalition menée par les Américains reprit le Koweït et l'armée irakienne fut en partie détruite. Saddam Hussein se vengea sur les Kurdes du Nord qui s'étaient soulevés contre son régime. Il envoya ses avions bombarder le Kurdistan. D'après les nouvelles que papa recevait de ses amis, deux millions de personnes avaient fui en catastrophe et s'étaient massées à la frontière de la Turquie, qui refusait d'ouvrir un passage. Il paraît que les enfants mouraient par centaines de froid et de faim dans les montagnes. L'exode fut atroce.

Dans le Sinjar, nous n'étions pas affectés. Même si la vie était devenue plus difficile : un embargo avait été imposé sur le pays et notre devise avait chuté. Tout était devenu si cher que nous connaissions des pénuries. Chez l'épicier, il n'y avait même plus de sucre, les gens utilisaient alors des dattes pour sucrer leur thé. Parfois, il n'y avait même plus de thé.

Bientôt, les Américains mirent en place une zone d'interdiction aérienne sur la région kurde. Saddam ne pouvait plus envoyer ses avions. Au nord-ouest du Sinjar, un gouvernement autonome du Kurdistan fut établi, même s'il n'était pas reconnu par Saddam. Là-bas, les yézidis sont redevenus des citoyens à part entière, qui avaient le droit de pratiquer leur religion librement, avec une identité reconnue. Mais à cause des persécutions, beaucoup ont émigré vers l'Europe et les États-Unis.

*

En 2003, les Américains ont proclamé devant le monde entier que Saddam possédait des armes de destruction massive. Le 20 mars, ils ont attaqué notre pays avec une coalition militaire. Bagdad est tombée le 9 avril. La guerre n'aura duré que deux mois…

Dans notre district du Sinjar, les peshmergas ont enlevé les drapeaux de Saddam et hissé les couleurs kurdes à la place. Ils ont été déployés partout. Une fresque de Saddam qui trônait au bord d'une route a été brûlée. Mon frère disait avoir vu des habitants jeter des roses au passage des soldats américains et des soldats kurdes. D'autres, mécontents, voulaient que les Américains s'en aillent.

Une nouvelle ère s'ouvrait. Le quotidien s'améliorait. C'était la fin des restrictions sur le commerce. Auparavant on ne pouvait pas, par exemple, vendre autant de chèvres qu'on le désirait, tout était contrôlé. Mais à présent, comme le proclamait papa, nous allions vivre en démocratie.

« Mes enfants, nous allons avoir une vie meilleure », répétait-il.

*

Fin 2003, nous eûmes un choc en découvrant à la télévision les images de Saddam Hussein, le visage mangé d'une barbe grise, sortant hirsute de sa cachette. Nous étions contents d'être débarrassés de lui, mais de le voir comme cela, tel un animal traqué, nous laissa un sentiment étrange.

À la maison, les invités de papa discutaient dans le salon en fumant des cigarettes. Ils disaient que Saddam était un dictateur, qu'il avait supprimé toute liberté. La situation avait empiré avec les guerres, puis l'embargo, nous étions comme dans une prison en Irak. Et tous les autres pays, autour, profitaient de notre détresse.

Comme on ne pouvait pas avoir de passeport pour voyager, beaucoup d'hommes passaient clandestinement en Allemagne. Les gens étaient très déprimés, les enseignants ou les ingénieurs quittaient leur travail pour devenir bergers. C'était l'époque de la débrouille, il fallait faire du marché noir afin de survivre. La télévision par satellite était interdite. Ceux qui possédaient une antenne la cachaient dans un réservoir en plastique sur le toit, sinon la police les arrêtait et ils pouvaient être exécutés pour ce crime !

L'un de mes oncles racontait que, dans les geôles de Saddam, les prisonniers subissaient des tortures horribles. La moins douloureuse était de jeter de l'eau glacée sur le détenu avant de l'attacher devant un climatiseur. On disait que l'homme le plus cruel du pays était Oudaï Hussein, le fils de Saddam. « Il faisait des boîtes avec des clous, assurait mon oncle. Il coupait les doigts, il arrachait les yeux. Vous connaissez l'histoire du chanteur kurde Saïd Gabari arrêté par les baasistes parce qu'il chantait en kurde pour les peshmergas ? Ses bourreaux lui ont dit : "Tu préfères qu'on t'arrache les yeux ou qu'on te coupe la langue ?", il a répondu : "Arrachez-moi les yeux, comme ça, je continuerai à chanter." »

Heureusement, cette époque était derrière nous.

*

En 2005, les premières élections démocratiques de notre pays furent organisées, malgré la menace terroriste. Nous avons eu pour la première fois de l'histoire un président kurde, Jalal Talabani.

Saddam Hussein fut pendu à Bagdad le 30 décembre 2006. Après sa chute, de nombreux charniers ont été découverts, dans lesquels gisaient les cadavres de milliers de Kurdes.

La Constitution de l'Irak reconnaît désormais le gouvernement autonome du Kurdistan dans le nord du pays, avec comme capitale Erbil. Mais nous sommes à ses confins. Notre région du Sinjar, où vivent en majorité des yézidis et une minorité de musulmans, reste disputée entre Bagdad et le gouvernement du Kurdistan. Les Kurdes voudraient intégrer le Sinjar dans leur territoire autonome. Peu à peu, le parti kurde PDK est monté en puissance dans notre région. Cela ne plaît pas à nos voisins arabes.

Le pays est encore secoué par la guerre civile entre factions religieuses chiites et sunnites, et des groupes terroristes comme al-Qaida. Bagdad est régulièrement frappé par des attentats. Notre pays n'est toujours pas en paix. Et voilà qu'en 2014 Daech déferle sur l'ouest de l'Irak.

4

Un garçon amoureux

Cet été-là, je mène une vie presque insouciante dans mon village. Avec Nadia et Yasmine, mes deux sœurs encore célibataires, nous regardons notre feuilleton préféré le soir pendant le dîner, la série turque, *Fariha*, doublée en arabe. L'histoire d'un amour impossible entre une jeune étudiante pauvre et le fils d'un riche homme d'affaires. Ensuite Nadia zappe sur les chaînes libanaises pour voir un autre de nos programmes favoris, le concours de chant Arab Idol. Ou encore la chaîne arabe Rotana, qui passe des clips de musique pop arabe, avec des chanteuses qui dansent langoureusement.

Avec mes sœurs, nous sommes très romantiques et nous aimons les chansons d'amour. Comme celles de Kadhem al-Saher, le prince de la chanson arabe. Ou celles de Belind Ibrahim. Lorsqu'il entonne son tube, j'ai presque les larmes aux yeux, je chante en même temps : « Je t'en supplie, si tu vois mon amie, dis-moi où elle est / Dis-moi comment elle va, car je l'aime encore / Dis-lui que quand elle est née, j'aurais préféré ne pas naître. »

Je suis amoureuse et je prépare mon mariage avec un homme de Sinouné, un village tapi dans les contreforts du mont Sinjar où se trouve un mausolée yézidi. Mon fiancé s'appelle Shivan, il est un peu plus vieux que moi. C'est le cousin d'une de mes belles-sœurs, je l'ai rencontré lors d'une visite de famille. Il est tombé amoureux de moi. Nous sommes ensemble depuis deux mois, on se parle souvent au téléphone. Je l'aime beaucoup et je passe des heures à penser à lui.

Avant lui, j'ai vécu une autre histoire. Je me souviens, j'avais tout juste 16 ans…

*

C'était l'été, la chaleur était écrasante dehors.

Je somnole sur un matelas près du climatiseur qui ronronne. Il doit être 15 heures. Tout le reste de la famille dort. Quelqu'un me réveille en me touchant l'épaule. J'ouvre les yeux. C'est Alin, ma petite-cousine de 14 ans, au visage rond et à la longue tresse noire. Elle me fait signe de la suivre dehors.

— Je dois te parler de quelque chose d'important, chuchote-t-elle.

Nous sortons dans la vague de chaleur, et nous nous asseyons à l'ombre d'un figuier dans le jardin. Alin prend sa respiration et me lance d'une traite :

— Mon frère t'aime, il ne veut pas que tu t'intéresses à qui que ce soit d'autre. Il veut être ton amoureux.

Mon cœur se met à battre la chamade. C'était donc cela. Chaque fois qu'il y a un mariage, son grand frère Merwan s'approche de moi, il me regarde sans oser me parler... Je sais qu'il m'aime bien. Il a quatre ans de plus que moi et lui aussi habite au village. Comme moi, il a arrêté l'école à 12 ans, il travaille dans la ferme de ses parents. C'est un beau garçon, grand et mince, au regard charmeur.

Je reste silencieuse, je sais que je ne dois pas accepter tout de suite, il ne faut pas que je me montre trop intéressée. Je finis par répondre :

— Dis à Merwan que je vais y réfléchir.

Discrètement je rentre dans la maison sans réveiller personne. Je me sens tellement heureuse. Moi aussi je crois bien que je l'aime. Je n'avais jamais connu ce sentiment troublant auparavant.

Dans ma communauté, nous faisons des mariages d'amour. C'est aux garçons d'oser le premier pas, ensuite les filles choisissent celui qu'elles préfèrent parmi leurs prétendants.

Mais l'amour ne doit arriver qu'entre deux personnes d'une même caste. Notre religion nous ordonne cela, je ne sais pas pourquoi. C'est une tradition de nos ancêtres et nous la suivons. Je ne peux pas concevoir de tomber amoureuse d'un garçon d'une autre caste. Merwan est mon cousin éloigné, donc notre amour est possible.

Je retourne me coucher sans arriver à dormir, je repense à sa proposition.

Quelques jours plus tard, je finis par prévenir Alin que j'accepte.

Par la suite, Merwan m'appelle sur le téléphone fixe de la maison. Nous devons nous parler en secret, si une autre personne que moi répond, Merwan raccroche. Cela doit se passer comme ça, je l'ai bien vu avec mes frères et sœurs… Moi aussi j'ai passé des messages pour eux à leurs petits amis respectifs.

Un soir, Merwan me fait une déclaration, et je me sens fondre.

— Je t'aime, Sara, tu es mon esprit, tu es mon cœur, tu es tout ce que j'ai au monde.

Il veut qu'on se donne un rendez-vous, il propose de venir me retrouver dans le jardin pendant que tout le monde est endormi. Je sais que les amoureux se donnent des rendez-vous secrets, juste pour se voir, ils ne font rien de mal. Dans notre culture, une jeune fille doit garder sa virginité jusqu'au mariage, c'est une question d'honneur pour elle et sa famille.

Seulement, j'ai trop peur que l'on nous surprenne. Les gens parleraient et diraient du mal de moi. Je refuse le rendez-vous.

— Merwan, on se parle juste au téléphone et on se verra au prochain mariage. Je ne peux pas compromettre ma réputation.

Cela rend Merwan furieux. Il a beau insister, je ne cède pas.

Un mois s'est écoulé depuis la déclaration de Merwan. Je vais enfin le voir ce soir aux noces d'une de mes cousines, mais je me sens inquiète. Il est très jaloux et il a créé un incident au village. Nerev, un autre de mes cousins, m'a envoyé sa sœur pour me déclarer sa flamme. Mais Merwan l'a appris… Cela l'a plongé dans une colère noire. Il a croisé Nerev dans une épicerie du village, et il l'a roué de coups. Heureusement que l'épicier les a séparés. Après cela, Nerev m'a fait prévenir qu'il ne me recontacterait plus.

Maintenant, tout le monde est au courant. J'ai peur que les gens parlent au mariage et que Merwan crée des problèmes.

J'emprunte la trousse de maquillage de ma sœur Nadia et je me prépare devant le miroir de la salle de bains en soulignant mes yeux d'un trait de khôl. J'examine mon reflet, je lâche mes longs cheveux châtains dans mon dos. Comme les filles de mon âge, je porte souvent des jeans et des tee-shirts moulants. Ce sont les femmes de la génération de ma mère qui s'habillent en robes traditionnelles.

Ma sœur Nadia m'a appris à me maquiller, nous passons de longs moments devant la glace à manier le mascara, le fond de teint et le rouge à lèvres. Nous attendons avec impatience les jours de mariage, c'est l'occasion de danser et de rencontrer des garçons de notre communauté.

Au téléphone, Merwan m'a demandé de m'habiller avec une longue robe rouge que j'avais déjà portée une fois. Il veut aussi que je décolore mes cheveux en blond.

Nadia m'accompagne au salon de beauté du village.

Je veux plaire à Merwan. Et je suis curieuse de voir à quoi ressemblera ma nouvelle chevelure. Ma sœur Nadia se montre aussi excitée par ma transformation. Je sens pourtant qu'elle cache une profonde tristesse.

Elle ne parle pas souvent de ses sentiments à la maison. Mais je sais qu'elle a un petit ami qui est en Allemagne. Il s'appelle Omed, il vient d'un autre village. Sa famille était venue nous rendre visite pour le nouvel an. Nadia et lui sont tombés éperdument amoureux.

Peu de temps après, Omed a dû partir en Allemagne pour travailler comme serveur dans un restaurant. Ils ont continué à s'appeler et à se voir quand Omed revenait pour les vacances. Beaucoup de jeunes garçons d'ici sont allés en Allemagne depuis la guerre du Golfe de 1991 L'embargo économique a rendu notre vie difficile. Les familles qui en ont les moyens envoient un garçon à l'étranger, en Europe ou aux États-Unis. Un homme qui travaille là-bas peut faire vivre trois familles ici.

Quand ces garçons de l'étranger reviennent au village pour les vacances, ils ont beaucoup de succès auprès des filles. Il y a tant de jeunes femmes qui rêvent de partir. Elles acceptent de se marier même si elles ne sont pas amoureuses, juste pour avoir une vie plus facile. Les parents essaient aussi de marier leurs filles à un émigrant, car le gendre sera obligé d'expédier de l'argent en Irak.

Papa, lui, refuse qu'une seule de ses filles parte. Lorsque le père d'Omed est venu demander la main de Nadia pour son fils, il s'y est opposé. Il ne voulait pas que Nadia se retrouve si loin de sa famille.

Ma sœur était anéantie. Pourtant elle n'a pas osé se rebeller, elle a trop de respect pour mon père, elle sait que cela provoquerait une crise familiale. Depuis, elle a sombré dans la mélancolie. Assise à côté de moi dans le salon de beauté, elle tente de retenir ses larmes. Son mascara laisse une trace noire sur sa joue.

Elle me confie :

— Il paraît qu'Omed a trouvé une nouvelle fiancée. Mais moi je ne veux personne d'autre de toute ma vie. Je l'aimerai jusqu'à mon dernier souffle.

Nous arrivons au mariage un peu en retard. Je contemple avec satisfaction ma chevelure dorée, cela me va bien. Je me sens belle dans ma longue robe et mes chaussures à talons. J'ai emprunté des bijoux à Nadia, un collier doré et des boucles d'oreilles…

Nous sommes dans la rue, devant la maison du marié. Une estrade est dressée, où des musiciens jouent de la musique kurde sous des lampions. Le fumet de la viande grillée plane dans l'air. J'aperçois Merwan qui discute avec des cousins près du buffet. Mon cœur bondit. Nos regards se croisent et je vois bien que je lui plais dans ma tenue. Mais je lui en veux d'avoir battu Nerev, je vais lui prouver que je ne lui appartiens pas.

Tout le monde danse dans une ronde en se tenant la main par le petit doigt. Le tempo rythme les pas, la musique fait vibrer les enceintes. Je m'avance dans le cercle de danse et je me glisse entre un cousin éloigné et une de ses sœurs, je prends leurs mains. Le garçon me sourit et nous dansons ensemble. J'observe Merwan du coin de l'œil. Il me jette un regard noir et disparaît. Tant pis. Cela lui apprendra à être aussi jaloux. Même si je suis très déçue qu'il soit parti, je continue à danser dans la ronde.

Subitement, un coup de feu résonne dans la fête. Les invités hurlent et s'éparpillent en attrapant leurs enfants.

Merwan est revenu, il tire en l'air avec une mitraillette.

Je suis pétrifiée.

Dilshad, le marié est fou de rage. Il s'avance vers Merwan et crie :

— Tu es malade ou quoi ? Qu'est-ce qui te prend de faire ça ?

Il lui arrache la mitraillette. Merwan tremble de fureur et tourne les talons.

La fête est finie. Dilshad demande à tous les invités de rentrer chez eux car mon soupirant a ruiné le mariage. Avec ma famille, nous sommes, comme tout le monde, choqués. Nous retournons à la maison. Je sais très bien que c'est à cause de moi que Merwan a agi ainsi. Je lui téléphone :

— Tu devrais avoir honte de te comporter comme cela ! Tu as gâché tout le mariage !

— Je t'ai déjà dit, Sara, que si tu t'intéressais à un autre garçon, je ferais un esclandre…

— Écoute, je suis fâchée. C'est inadmissible de réagir comme ça !

Je raccroche.

Je sais que mes amies trouvent Merwan romantique, elles disent à leurs fiancés : « Pourquoi vous ne nous aimez pas autant que Merwan aime Sara ? » Mais moi je suis vraiment embarrassée.

Deux jours plus tard, Merwan m'envoie sa sœur Alin. Elle me chuchote à l'oreille :

— Merwan veut s'enfuir avec toi.

Je suis stupéfaite, après ce qu'il a fait au mariage, il ose me demander cela…

Beaucoup de couples s'enfuient ensemble, c'est une tradition dans le Sinjar. Quand les parents ne sont pas vraiment d'accord avec le choix de leur enfant, les amoureux décident de fuguer pour leur forcer la main.

Après « l'enlèvement de la fille par le garçon », les familles finissent par se mettre d'accord et le couple peut vivre maritalement. Mais moi je n'ai pas le cœur à partir avec Merwan. Je ne suis plus sûre qu'il soit l'homme de ma vie. Et mes grandes sœurs, qui se sont mariées très jeunes, m'ont prévenue de ne pas suivre leur exemple. Je m'adresse à Alin :

— C'est hors de question…

Alin, ennuyée, tripote sa longue natte. Elle insiste :

— Il dit que si tu refuses de partir avec lui ce soir, il va rompre avec toi…

Je n'y crois pas car je sais qu'il m'aime comme un fou.

— Dis-lui que je ne partirai pas.

Alin repart chez elle, dépitée.

Une semaine est passée, quand je vois ma sœur Nadia arriver à la maison en courant :

— Sara, j'étais chez notre tante, il faut que je te dise quelque chose. Tu ne vas pas aimer ça…

Je retiens mon souffle. Elle s'approche et prend mes mains dans les siennes.

— C'est Merwan. Il s'est enfui avec une fille du village de Hatamia.

Je m'écroule sur une chaise. Je suis hébétée. Je sais qu'il a fait cela juste pour me prouver que quelqu'un accepterait de l'épouser.

*

Après cette histoire, j'essaie d'oublier Merwan. Je me plonge dans la routine du quotidien. J'aide maman, ses genoux la font souffrir, elle a du mal à se déplacer. Elle ne peut plus faire grand-chose à la maison. C'est moi qui m'occupe de mon père, je repasse ses vêtements, je lave sa voiture. L'hiver venu, j'allume le poêle avec des bûches avant qu'il ne se lève, au petit matin, pour que la pièce soit chaude et agréable. Ensuite, je prépare son petit-déjeuner. Du yaourt au lait de brebis, du miel de nos ruches dans leur rayon, une assiette de pâte de sésame onctueuse, des galettes de pain que je pose quelques minutes sur le poêle pour les réchauffer et les rendre plus croustillantes. Une casserole de thé noir, du sucre au fond du verre. Pendant qu'il déjeune, je lui nettoie ses chaussures à l'entrée de la maison. J'enlève la boue avec une brosse et je les cire avec un chiffon. Une fois que papa est parti, je vais traire les brebis et je rapporte le lait dans des seaux en métal. Puis je lave la lessive dans une bassine. Je fais la cuisine et le ménage avec mes sœurs et mes belles-sœurs. Je joue avec mes neveux, je donne le bain aux plus petits.

L'après-midi, nous jouons aux cartes ou aux dominos avec des amies qui viennent à la maison. Ou bien je rends visite à mes oncles et tantes. Vers 16 heures, chacun rentre chez soi et nous préparons le dîner.

Le soir, papa reçoit souvent des invités et je leur sers le thé. Les villageois viennent souvent chez nous pour jouer aux cartes, nous avons une grande maison, et mon père est un homme respecté et généreux qui aide les plus pauvres. Il s'installe au salon en patriarche, nous les enfants ne devons pas parler fort et nous le servons.

Mais mon quotidien va changer : l'année 2014 doit être celle de mon mariage avec Shivan.

5

Les aventures de mon frère

Le 13 et le 14 juin 2014, la base militaire américaine Speicher, près de Tikrit, a été le théâtre d'un terrible massacre. Il paraît que 1 500 soldats de l'armée irakienne ont été tués par les djihadistes. Des photos des exécutions circulent sur Internet…

Mon frère Azad connaît bien cette base, il y a travaillé en 2007. C'est Fadil, un de ses camarades d'école devenu traducteur, qui l'avait fait engager. Je me souviens qu'Azad nous avait appelés pour nous raconter sa première journée de travail. Il était impressionné par l'endroit :

« Il y a quatre portes sécurisées à traverser, j'ai été fouillé par un immense Américain. Les soldats tenaient des chiens renifleurs qui pouvaient détecter les explosifs. À l'intérieur, la base est gigantesque, presque aussi grande que la ville de Dohuk. Avec des tanks, des avions… Plus d'une centaine d'Irakiens sont employés sur place, beaucoup de yézidis, mais aussi des musulmans et des chrétiens. »

Le travail d'Azad consistait à surveiller un hangar où se trouvaient des cartons avec des étiquettes aux couleurs du drapeau américain. Azad ne savait pas ce qu'ils contenaient.

Il nous racontait que, tous les jours, des femmes venaient de Tikrit et des villages alentour pour laver les sols et nettoyer les toilettes. Mais personne ne les importunait. Les troupes américaines étaient mixtes, il y avait des hommes et des femmes, qui mangeaient ensemble à la cantine et allaient ensemble à la gym. Les femmes américaines touchaient l'épaule des hommes quand elles leur parlaient et se comportaient familièrement. Cela a surpris mon frère au début.

Azad dormait sur la base, dans un dortoir pour les employés. Parfois, il récupérait les vieilles affaires dont les Américains ne voulaient plus, des ordinateurs portables, des PlayStation, qu'il revendait à l'extérieur. Il fournissait aussi les soldats en cigarettes, car elles sont moins chères en Irak. Il était plutôt content de sa vie là-bas.

Mais son ami traducteur a finalement trouvé un emploi ailleurs et les choses ont tourné au vinaigre. Azad a eu une dispute avec d'autres employés qui salissaient les endroits nettoyés par les yézidis. Puis les gardes nationaux irakiens ont été installés à la base. En rentrant à Kocho, il nous a dit : « On était devenu trop nombreux, on se disputait pour qui prendrait sa douche en premier… Il y avait une mauvaise ambiance alors je suis parti. »

*

Mon frère Azad a épousé en 2010 Shirin, la femme dont il était amoureux. Après l'avoir « enlevée », comme le veut la tradition. Au Sinjar, ce sont les garçons qui paient une dot à la fille. Elle se monte en moyenne à 4 millions de dinars irakiens, soit 3 300 dollars américains. Mais, aujourd'hui, certaines familles ne veulent plus de cette dot, elles pensent d'abord au bonheur de leur fille. Ce fut le cas du père de Shirin, il a refusé l'argent proposé par papa après « l'enlèvement ». Dans notre communauté, il n'y a pas de cérémonie religieuse pour un mariage, pas de prêtres ni de prières. Il suffit que les deux familles se soient mises d'accord pour que le couple soit considéré comme marié. Nous avons célébré cela tous ensemble, avec un bon repas, des danses et de la musique.

Shirin est la fille de ma tante Dereen, l'une des sœurs de mon père. C'est une jolie blonde aux yeux très bleus. Sous un regard placide, elle cache une forte personnalité.

Elle est ambitieuse aussi, elle voudrait qu'Azad devienne riche et qu'il se fasse une situation par lui-même, sans dépendre de son père. Voilà pourquoi, quelques mois après son mariage, mon frère est parti travailler dans un hôtel à Zakho, près de la frontière turque. Tenu par un homme d'affaires yézidi, l'établissement accueillait des clients turcs et américains.

Mais, en 2011, cet hôtel a été brûlé par de jeunes Kurdes musulmans. Au cours de la prière du vendredi, un mollah du coin avait incité ses ouailles à attaquer l'établissement « pour défendre la religion », car cet hôtel vendait de l'alcool. En réalité, Azad nous l'a raconté, les assaillants ont volé toutes les bouteilles de liqueur.

La foule a débarqué, excitée par le mollah, et a jeté des cailloux sur l'hôtel en hurlant. Ils ont traité les employés de « sales cochons de yézidis ». Azad s'est enfui in extremis par la porte de derrière, mais il a bien failli y passer. Les hommes ont jeté des bouteilles d'essence sur la façade, ils ont brûlé des voitures. Même les policiers ont été attaqués par la foule. Heureusement, personne n'a été tué. Azad a pris directement un taxi pour rentrer à Kocho.

Après cet incident, mon frère se sentait tellement menacé dans notre pays qu'il ne voulait plus y rester. Nos cousins installés en Allemagne lui répétaient : « Viens nous rejoindre ! La vie est belle ici, personne ne va te menacer, personne ne va te demander ta religion, tu seras en sécurité. Si tu te comportes bien, tu n'auras aucun problème. Tes enfants pourront même aller à l'école. » Alors Azad a payé un passeur pour l'emmener en Allemagne. Il n'a parlé de son plan à personne, à part à sa femme. Comme il n'avait pas de passeport, il est entré clandestinement en Turquie. Puis il a dû traverser une rivière avec un groupe de vingt personnes, et de l'eau jusqu'au cou.

Arrivé en Grèce, il a pris un train pour Athènes. Azad devait payer le passeur 3 000 dollars une fois qu'il aurait atteint l'Allemagne. Mais son voyage s'est interrompu abruptement. À Athènes, il s'est fait arrêter par la police avec cinq autre yézidis.

Il est resté dans une prison trois semaines. Un chrétien d'Iran, passeur de profession, l'a accueilli dans sa cellule. Avec les autres Iraniens, il l'a protégé des détenus musulmans qui l'insultaient parce qu'il était yézidi. Dans cette prison se trouvaient aussi des Afghans, des Bangladeshis et des Pakistanais, des Syriens, des Égyptiens…

Un jour, une émeute a éclaté. Les musulmans ont mis le feu à leurs couvertures pour protester contre leur emprisonnement. Azad raconte que lui et ses codétenus ne les ont pas laissés incendier leur cellule. Des camions de police ont dû intervenir pour gérer la situation. Les prisonniers leur ont jeté des cailloux, les ont insultés… ce à quoi les policiers ont répondu par des coups de matraque. Les détenus ont été attachés deux par deux avec des menottes et emmenés dans une autre prison. Azad y est resté deux mois, avant d'être finalement renvoyé en Irak.

*

Son rêve d'Allemagne évanoui, Azad est parti à Bagdad pour travailler dans un magasin de vente d'alcool. Là-bas, c'est un commerce très rentable car risqué. Nous n'étions pas du tout rassurés. Cependant, il nous appelait régulièrement.

Le magasin, situé dans un quartier mixte chrétien et chiite, appartenait à un riche homme d'affaires yézidi. Azad était derrière les écrans de surveillance pour vérifier qu'il n'y ait pas de vol ou de personne suspecte. Tous les jours, il devait décharger quatre camions remplis de bouteilles venus de Turquie. Mon frère dormait dans l'arrière-boutique et gagnait 1 200 dollars par mois.

Parmi les clients, il y avait quelques étrangers et des yézidis. Mais la majorité était composée de musulmans, y compris des femmes. Azad nous racontait que, dans les clubs et les casinos, beaucoup d'entre elles buvaient. Des voitures de luxe venaient aussi se garer dans le parking du magasin, et les couples s'embrassaient et flirtaient à l'intérieur, sans penser qu'Azad les voyait derrière la vitre de la boutique.

Comme il reste mal vu d'acheter de l'alcool, les vendeurs ont trouvé une ruse pour que leurs clients ne se fassent pas repérer : ils cachent les bouteilles au fond d'un cageot qu'ils remplissent de légumes et d'œufs. Ou bien, lorsqu'un client arrive en voiture, ils démontent le tableau de bord et y cachent les bouteilles.

Le magasin d'alcool où travaillait Azad n'avait pas d'enseigne. Même s'il y a une licence officielle à Bagdad pour ouvrir ce genre de commerce, il fallait payer des pots-de-vin à tous les officiels qui menaçaient de fermer votre boutique.

Azad savait ce travail dangereux. Il risquait sa vie. Il nous a raconté que, quelques mois avant son arrivée, des militants d'un groupe chiite avaient pénétré dans le magasin, attaché tous les employés, volé la caisse et emporté des bouteilles d'alcool… Un autre jour, un gang est passé en voiture et a mitraillé les locaux. Des chrétiens et des yézidis ont été tués. Après cela, Azad a voulu partir. Mais son patron l'a augmenté. Cinq mois plus tard, un attentat suicide a eu lieu dans un autre magasin. Quelques jours après, une voiture a explosé près du dépôt d'Azad. Cela devenait de plus en plus inquiétant.

C'est à cette époque qu'Azad a entendu parler d'un nouveau groupe terroriste appelé « État islamique en Irak et au Levant », qui deviendra Daech par la suite. Mais nous ne savions pas trop de qui il s'agissait. Juste qu'ils commettaient de nombreux attentats…

Finalement, trois jeunes yézidis de 17 ans, qui travaillaient avec mon frère, ont décidé de rentrer au village. Azad devait les accompagner. Nous étions rassurés de savoir qu'il allait enfin revenir. Jusqu'à ce que la mère d'un des garçons nous appelle, hystérique. Elle venait d'apprendre qu'ils avaient tous été tués sur la route, leur voiture ayant été mitraillée près de Mossoul. Ils partageaient un taxi avec des soldats de l'armée irakienne. Quelqu'un avait dû prévenir les djihadistes que des militaires arrivaient.

Paniqués, nous avons essayé de joindre Azad des dizaines de fois, mais son téléphone ne répondait pas. Je me rappelle avoir pleuré dans les bras de Nadia, je ne pouvais pas croire que je ne reverrais jamais mon frère. Quand soudain le portable de papa s'est mis à sonner.

— C'est Azad !

Azad n'avait pas pris le taxi avec les garçons. Il était toujours à Bagdad, sous sa douche, et n'avait pas entendu les sonneries de son portable.

Papa faisait les cent pas dans le salon en hurlant :

— Azad, tu reviens ici immédiatement ! Ne reste pas là-bas, c'est beaucoup trop dangereux…

Il cherchait une menace convaincante.

— Sinon je mets ta femme dehors !

Azad s'est laissé persuader de rentrer, enfin. Pour faire le trajet en sécurité, il est parti avec une famille de chrétiens, uniquement des femmes et un vieil homme. Des passagers qui ne devaient pas attirer l'attention. Mon frère n'a pas emporté son argent avec lui, il l'a transféré par la banque.

Lorsque le taxi est arrivé à Mossoul, la mère de famille chrétienne a insisté pour qu'Azad ne descende pas de la voiture pour rejoindre le Sinjar en bus. La ville était remplie de terroristes et de gangs qui tuent leurs victimes avec un silencieux et kidnappent les gens pour demander une rançon. Azad a suivi son conseil et poursuivi la route jusqu'à Dohuk, ville paisible du Kurdistan, avant de rejoindre le Sinjar par une autre voie d'accès.

Lorsque mon frère est arrivé à la maison, toute la famille a couru pour le voir, l'embrasser. Je l'ai serré dans mes bras, les larmes aux yeux.

— Azad, nous avons tous cru que tu étais mort.

Il est resté chez nous pendant trois mois, pour aider mes frères à irriguer les champs. En mai, il a trouvé un nouveau travail dans une ville au nord d'Erbil, la capitale du Kurdistan. Un poste d'homme à tout faire dans un hôtel.

Au début de l'été 2014, beaucoup de gens ont fui l'avancée de l'État islamique, et sont venus se réfugier dans le Nord avec leur famille. Résultat, l'hôtel où travaille Azad est plein. Le business est florissant. Il gagne beaucoup de pourboires, il aide les gens à porter leurs valises.

6

Le dernier été

Plus tard, c'est au tour de Tal Afar, une ville à une heure de Sinjar, de tomber entre les mains des terroristes. Papa discute avec mes frères, les hommes de Daech ont récupéré toutes les armes lourdes que les Américains avaient laissées à l'armée irakienne à Mossoul, et ils sont soutenus par les tribus sunnites. À Tal Afar, il y a en majorité des Turkmènes, sunnites et chiites. Les Turkmènes sunnites se sont alliés avec Daech pour attaquer les Turkmènes chiites et prendre leurs femmes. Les gens de Tal Afar s'enfuient…

Azad rentre à Kocho fin juillet. Son trajet depuis le nord d'Erbil a été épique. Il a dû passer sur la ligne de front pour pouvoir revenir à Sinjar. Il nous raconte :

— Sur la route, je me suis retrouvé pris dans une embuscade entre les Kurdes et Daech. Les combattants de Daech ont ouvert le feu sur ma voiture, j'ai dû ramper jusqu'aux lignes des peshmergas…

Mon frère souhaite emmener à Erbil sa femme et son petit garçon de deux ans car ils lui manquent. Le patron de l'hôtel lui prêterait une chambre pour les loger, où Shirin pourrait même cuisiner. Mais mon père refuse, il ne veut pas que Shirin et son fils aillent dans un endroit où il y a autant de musulmans, ce n'est pas sûr.

Chez nous à Kocho, la situation s'est aggravée. Il n'y a plus d'électricité, plus d'eau courante. Et nous n'avons plus d'argent. Mes frères aînés n'ont pas touché leur salaire, et les deux plus jeunes sont encore étudiants. Mon père n'arrive pas à vendre notre récolte d'orge, ni nos moutons. Heureusement, avec ses économies, Azad nous achète du riz, des olives, des aubergines, des pommes de terre et des fruits. Il dépense même une grosse partie de son salaire dans l'acquisition d'un générateur à essence.

Il propose à notre petit frère, lycéen, de venir avec lui travailler à l'hôtel. Mais Sangar veut d'abord finir ses examens, il promet de le rejoindre plus tard. Azad repart seul.

Ici, dans le Sinjar, nous sommes certains qu'il ne nous arrivera rien. Les soldats kurdes, les peshmergas, protègent la région. Soixante-dix peshmergas sont d'ailleurs postés dans l'école de Kocho, envoyés en renfort après la chute de Tal Afar. Nous leur donnons du pain, sacrifions des moutons pour qu'ils mangent bien, leur servons le thé. Les hommes de notre village ont des armes, ils patrouillent avec eux.

Une semaine plus tard, nous apprenons que la ville de Sinjar est tombée aux mains de Daech.

7

Les hommes en noir

Le 3 août, à 2 h 30 du matin, nous sommes réveillés par le bruit de coups de feu dans le village d'à côté. Nous nous levons, paniqués. L'un de mes cousins, posté sur le toit de la maison pour monter la garde, nous rejoint dans le salon :

— Mon beau-frère vient d'appeler, Daech est en train d'attaquer son village et de tout détruire ! Il n'a plus de munitions. Il m'a dit de fuir au plus vite avec ma famille !

Nous sommes en état de choc. Les téléphones sonnent sans discontinuer. Ma tante Kejal hurle dans son portable :

— Préparez vos affaires ! Il ne faut pas traîner !

Une de mes sœurs, Suzan, m'appelle, en larmes :

— Il faut partir !

Son mari travaille dans les forces kurdes, elle craint pour sa sécurité et celle de sa famille.

Depuis la chute de Mossoul, une pénurie d'essence sévit, mais heureusement mon frère Serwan a caché des jerricans dans notre garage. Il remplit le réservoir de la voiture. Je prépare un sac en vitesse, avec des habits, les papiers d'identité, les bijoux et les armes de mon père, une vieille mitraillette russe, des pistolets et des fusils de chasse. J'ai du mal à rassembler les affaires, je tremble de peur. Dans le salon, les enfants sont blottis contre leurs mères, qui tentent de les rassurer. J'appelle mes oncles et je leur demande de venir chez nous. Nous remplissons deux voitures avec les affaires. Tout est prêt.

Seulement, mon père refuse de partir. Il ne cesse de répéter :

— Rien ne va nous arriver, j'en suis sûr. Ne vous inquiétez pas.

Il a discuté avec le maire du village au téléphone. Ce dernier se montre très rassurant :

— Des chefs arabes lui ont dit qu'il suffisait de mettre un drapeau blanc à la fenêtre de la maison et on ne nous fera aucun mal.

Mon père envoie donc l'un de mes cousins étendre un drap blanc sur le toit.

Les téléphones continuent de sonner. Des amis de papa le préviennent :

— Tu dois fuir ! Si jamais tu tombes entre leurs mains, ils seront sans pitié !

Mais notre père n'écoute aucun conseil, il ne fait confiance qu'au maire. Nous décidons d'attendre, personne ne ferme l'œil bien sûr. Au petit matin, je contacte Suzan, qui habite en lisière de Kocho. Elle s'écrie :

— Je suis déjà partie, Sara ! Nous avons dû faire un détour pour éviter la route de Sinjar, les hommes de Daech sont partout.

À 10 heures du matin, Suzan est arrivée à Dohuk au Kurdistan, elle est en sécurité avec son mari et ses enfants. Ils sont partis à temps. Tous les villageois qui fuient après 7 h 30 du matin sont arrêtés sur la route par Daech.

Les peshmergas censés protéger notre village ont quitté les lieux en voiture, ils ont dit à des jeunes :

— Ne vous inquiétez pas, on va se battre contre Daech dans les villages voisins et on revient.

Ils ne sont jamais revenus.

À 10 h 30, mon père part chez le maire Ahmed Jasso. À son retour, il se veut toujours aussi confiant. Tous mes oncles, réunis à la maison, fument cigarette sur cigarette. Papa les rassure :

— Rentrez chez vous, cela ne sert à rien de s'inquiéter.

Je prépare le déjeuner et nous mangeons, sans aucun appétit. Ahmed Jasso et mon père appellent les chefs des tribus arabes voisines, les Shammar et les Metaweta, pour les inviter. Comme ils sont membres de tribus sunnites, ils servent d'intermédiaires avec les hommes de Daech.

Quand les chefs arabes arrivent chez Ahmed Jasso, il leur offre ses propres turbans, ainsi que des chaussures d'excellente qualité, en signe de respect. Mon père leur propose sa réserve de tabac parfumé. Affairées dans la cuisine, les femmes ont préparé le meilleur repas possible avec les provisions qui leur restent.

Elles apportent les plats aux hommes, assis en tailleur contre des coussins, autour d'une nappe déployée sur le sol. Les chefs arabes répètent à l'envi : « Ne vous inquiétez pas, nous ne laisserons rien de mal vous arriver. » Papa trouve qu'ils n'ont pas l'air convaincu.

En début de soirée, le maire Ahmed Jasso rappelle mon père :

— Rejoins-nous avec ta famille dans le village. Vous habitez trop à l'écart, ce sera mieux pour votre sécurité.

Nous prenons la route vers la maison d'Hassan, le petit frère de mon père. Il habite à l'entrée du village. Chez lui, en plus de sa femme et de ses enfants, il y a maintenant mes parents, mes quatre frères, mes trois belles-sœurs, mes quatre neveux, mes sœurs célibataires Nadia et Yasmine, et moi. Les autres familles du village sont aussi enfermées dans leur maison, la peur au ventre.

*

Le jour suivant, guettant derrière les fenêtres du salon, nous voyons passer dans la rue pour la première fois six hommes de Daech. Ils pénètrent dans le village à bord d'un pick-up et d'une Jeep. L'un d'eux, le visage cagoulé, agite un drapeau noir d'un air triomphal à l'arrière du véhicule. Il est vêtu d'un pantalon large et d'une tunique courte qui lui arrive au niveau des genoux. Cela nous semble vraiment ridicule comme accoutrement, les Arabes de notre région, eux, portent de longues robes qui tombent jusqu'aux pieds.

— On dirait que les hommes de Daech sont en minijupe, rigole ma sœur en douce.

Nous sourions mais sommes terrifiées.

Les hommes de Daech se rendent chez Ahmed Jasso, où sont rassemblés tous les chefs de famille du village. Ils paradent, triomphants. Fiers d'avoir pris le Sinjar presque sans combattre, puisque les peshmergas qui devaient nous protéger se sont enfuis.

Ils ordonnent aux villageois de rendre leurs armes. Tous les habitants s'exécutent, mais mon père ne leur cède qu'un vieux fusil de chasse en mauvais état. Avec mes frères, nous avons enterré les autres armes derrière la maison, dans une petite vallée. J'ai aussi enfoui nos albums photo de famille, dans plusieurs sacs plastique. Les hommes en noir collectent les armes et repartent, après nous avoir promis qu'il ne nous arriverait rien.

À la maison, grâce à l'électricité fournie par le générateur, nous sommes rivés jour et nuit devant la télévision. Nous recevons aussi des appels. Les nouvelles sont terribles. Il paraît que des dizaines de milliers d'habitants du Sinjar ont fui dans la montagne, désormais assiégée. Cela fait plusieurs jours qu'ils sont coincés sans eau ni nourriture ; les mères, impuissantes, regardent leurs bébés agoniser.

Le lendemain, les hommes de Daech retournent chez le maire. Ils lui annoncent cette fois-ci que tout le village doit se convertir à l'islam. Ahmed Jasso, effrayé, tente de les convaincre :

— Cela va être difficile. Il y a des personnes âgées chez qui les croyances yézidies sont très ancrées, vous ne pouvez pas leur demander cela.

Les hommes répliquent :

— Vous avez un délai de trois jours pour vous convertir, sinon c'est la mort.

Le village est atterré. Nous pleurons toute la journée, n'avons plus de goût pour rien. Quel choix nous laissent-ils ? Tout le Sinjar est sous le contrôle de Daech. Ma mère presse mon père de trouver une solution, peut être y a-t-il encore un moyen de fuir. Mais papa refuse d'y songer :

— Nous n'abandonnerons pas les gens du village, nous partagerons leur sort quoi qu'il arrive.

Dans la journée, une rumeur commence à circuler. Les habitants de Hatamia, un village voisin qui subit le même ultimatum, vont fuir pendant la nuit.

C'est là que vit ma grande sœur Dalya, avec son époux Raman, un homme de Hatamia. Je l'appelle immédiatement :

— Est-ce vrai que vous allez vous enfuir ?

— Je ne suis pas au courant Sara, m'assure-t-elle.

— En tout cas, prévenez-nous si jamais vous partez ! Nous partirons avec vous.

— Bien sûr, Sara, ne t'inquiète pas.

J'essaie de joindre son mari, mais il ne répond pas au téléphone. Même si mon père n'est pas d'accord, je veux tenter de fuir avec mes frères et sœurs. Ma décision est prise, je sens qu'un grand malheur va s'abattre sur nous. Dalya ne nous rappelle pas.

Le lendemain matin, nous apprenons que les habitants de Hatamia ont fui durant la nuit. Plus de deux cents personnes ont rejoint les montagnes à pied. Ils nous ont prévenus quand ils sont arrivés en lieu sûr, au petit matin. Je suis écœurée par la lâcheté de ma sœur Dalya. Je l'appelle, hors de moi :

— Je ne pardonnerai jamais ce que tu as fait ! Tu nous as trahis ! Tu as abandonné ta famille !

Elle ne dit rien, elle se contente de pleurer.

Mon oncle Hassan secoue la tête tristement :

— Cela n'aurait sans doute servi à rien qu'elle nous prévienne, Sara. Nous n'aurions pas pu fuir tous ensemble, il n'y avait aucune chance. Daech nous auraient rattrapés.

Les hommes en noir se sont installés dans l'école primaire de Kocho. Ils contrôlent le village maintenant. Pourtant, ils ne sont toujours que six. Mes frères ont bien pensé à les tuer, mais toutes les voies d'accès sont coupées, cela ne servirait à rien.

Papa est furieux que les gens de Hatamia soient partis en douce :

— Ce n'est pas ce qui avait été décidé avec eux ! Maintenant c'est nous qui allons subir les représailles !

Les hommes en noir sont en effet fous de rage. Ils patrouillent dans la rue, à cran, prêts à tirer sur tout le monde. Ils somment notre maire de s'expliquer :

— Pourquoi vous ne nous avez pas prévenus que les gens de Hatamia allaient s'enfuir ?

Jasso est hébété :

— Je n'étais pas au courant, je vous jure !

*

Les trois jours de grâce se sont écoulés. Personne ne veut se convertir à l'islam. La situation est désespérée.

Au dernier moment, notre maire négocie un nouvel accord : nous pourrons quitter le village sains et saufs si nous donnons tout notre or. Abou Farouq, le chef local des hommes de Daech, assure au maire qu'al-Baghdadi, le calife autoproclamé, a donné son aval.

Abou Farouq ordonne :

— Convoquez tous les villageois, ils doivent se rendre à l'école avec leurs objets précieux. Ils doivent aussi prendre leur carte d'identité. Nous vérifierons leurs noms puis nous les laisserons partir dans la montagne. Dites-leur de venir avec leurs voitures.

Je prépare des sacs avec mes sœurs. Nous enfilons plusieurs tenues les unes sur les autres ; nous devons partir dans la montagne, à la dure, il nous faut un stock de vêtements. Par sécurité, nous nous couvrons la tête d'un voile.

Avant de partir, nous tentons aussi de cacher nos bijoux. Les ornements des femmes ne servent pas seulement à les rendre belles, ils sont une assurance en cas de coups durs. Notre trésor familial représente plusieurs milliers de dollars : douze bagues, douze paires de boucles d'oreilles, un grand collier de mariage, quatre bracelets, et une médaille avec le nom de ma petite sœur gravé dessus, offerte par notre père… Tout est en or. Je dissimule quelques bijoux dans mon chignon. Ma belle-sœur Sinem glisse ses bagues dans les couches de son bébé. Nous ne donnerons qu'une poignée de bijoux à ces bandits.

Nous sommes prêts à partir, résignés et tristes de quitter notre maison. Mais surtout soulagés de sortir enfin des griffes des hommes en noir.

8

La route des montagnes

Nous quittons la maison en voiture, comme nous l'ont demandé les hommes de Daech. Il doit être aux alentours de 13 heures. Le village grouille maintenant de combattants, qui brandissent les armes lourdes américaines très sophistiquées prises à l'armée irakienne. Ce sont des hommes qui viennent de Mossoul, effrayants. Il y a au moins une quinzaine de véhicules qui patrouillent dans les rues.

Nous arrivons devant le bâtiment de la nouvelle école primaire, la mort dans l'âme. Tout le village est là, il doit y avoir mille cinq cents personnes. Nous saluons des voisins du regard en entrant dans le hall. C'est le chaos à l'intérieur, les gens sont inquiets.

Des hommes armés nous surveillent. Il n'y a pas que des Irakiens, certains sont étrangers, d'après leur accent. Tous armés jusqu'aux dents. Nous n'osons pas les regarder dans les yeux.

Sur une table, ils ont préparé trois sacs : un pour les bijoux, un pour les téléphones portables et un pour l'argent. Le chef, Abou Farouq, doit avoir 35 ans. Il est très mince, le teint foncé, porte une barbe moyenne et un turban noir sur le crâne. Il vient d'une petite ville près de Mossoul. C'est lui qui s'est rendu à plusieurs reprises chez le maire.

Abou Farouq ordonne :

— Vous devez donner tous vos bijoux ! Si nous voyons une boucle sur l'oreille d'un bébé, on lui coupera l'oreille ! Si nous voyons une bague qui reste au doigt d'une femme, on lui coupera le doigt !

Le maire Ahmed Jasso nous glisse :

— Ils vont vous fouiller, s'ils trouvent de l'or sur vous, je ne réponds de rien.

Si ces hommes nous laissent la vie sauve, ces bijoux sont un moindre prix à payer. Je me fonds dans la foule. Je sors les bijoux de mon chignon et je les mets dans ma poche. En revanche, je décide de garder mon téléphone. On ne sait jamais, cela pourrait servir. J'enlève discrètement la carte Sim et je la glisse dans mon corsage. Puis je cache mon portable dans ma culotte et mon chargeur dans ma chaussure. Je me place dans la file d'attente et, une fois arrivée devant les tables, je dépose mes biens dans le sac. Toutes les femmes de ma famille s'exécutent, les hommes en noir surveillent.

Un autre de leurs chefs vient d'arriver. Il entre dans l'école, accompagné de gardes armés. D'après le maire, cet homme est un amir, un chef de Daech, venu de Mossoul. Il est presque obèse et porte des cheveux longs jusqu'aux épaules. C'est un homme répugnant à l'œil vicieux. Nous devinons à son accent et aux traits de son visage qu'il est saoudien. Il porte un pantalon bouffant et une courte tunique grise.

Il parcourt la foule d'un regard satisfait et murmure quelque chose à l'oreille d'Abou Farouq. Nous n'entendons pas ce qu'il se dit. Abou Farouq proclame alors :

— Ceux d'entre vous qui veulent se convertir à l'islam pourront rester chez eux à Kocho ! Ils mèneront une vie agréable comme avant.

Il observe la salle et poursuit :

— Nous vous avons demandé de vous convertir. Mais, si vous refusez, vous serez libres de partir dans les montagnes.

Les villageois sont si soulagés que certains s'exclament : « Que Dieu vous bénisse ! »

— Alors, voulez-vous embrasser la vraie religion d'Allah ?

Sans même débattre, tous les hommes répondent à l'unanimité :

— Non ! Pas de conversion !

Nous, les femmes, restons silencieuses. Nous ferons ce que les hommes ont décidé. Je me dis pourtant que nous aurions peut-être mieux fait d'accepter… Ce ne sont que des mots après tout. Nous pouvons toujours garder notre foi yézidie dans notre cœur. J'ai un mauvais pressentiment. La gorge serrée. Du mal à respirer.

Les combattants de Daech ordonnent alors :

— Vous les femmes, montez à l'étage avec les enfants.

C'est la cohue, la bousculade, entre les valises, les sacs et les petits enfants qui pleurent. Les salles de classe en haut sont vite pleines, il n'y a même plus de place sur les marches de l'escalier. Je reste en bas avec quelques autres femmes, dont ma mère et mes sœurs.

Les combattants de Daech s'adressent aux hommes :

— Donnez-nous vos clés de voiture. Nous vous emmenons dans les montagnes ! Les femmes partiront après.

Les hommes sortent de l'école, les gardes armés les font monter par petits groupes dans des véhicules. Des garçons de 11, 12 ans veulent suivre leur père, mais les combattants les renvoient à l'intérieur. Je me cache sous la cage d'escalier avec ma mère. Dans la confusion, je n'ai pas vu mes frères ni mon père partir. Nous entendons les voitures qui démarrent.

Une fois tous les hommes partis, les combattants du Califat nous annoncent :

— Nous allons vous emmener vous aussi dans les montagnes.

Ils nous poussent dans les voitures des villageois garées devant l'école. Je suis ma petite sœur Yasmine et mes cousines Seve, Myriam, Rangeen… Nous nous entassons à l'arrière d'un véhicule. Un homme armé est assis à la place du conducteur. On ne voit pas son visage. Il nous crie dessus :

— Il y en a une qui doit monter à l'avant !

Aucune d'entre nous ne veut s'installer à côté de lui. Nous avons peur qu'il se comporte mal et nous touche. Les plus jeunes se mettent à pleurer. Il se retourne vers la banquette arrière, furieux, et nous menace avec son arme. Nous restons figées, les yeux baissés, en sanglotant. Yasmine et Seve me serrent la main de toutes leurs forces.

Finalement, un homme s'approche dehors avec une autre fille qu'il force à monter à l'avant du véhicule. Elle se colle au dos du siège, pétrifiée. Le conducteur démarre dans un crissement de pneus, il roule à toute allure. Au bout de quinze minutes, je jette un regard inquiet à mes cousines. Nous ne prenons pas la route des montagnes. Je sens que je vais m'évanouir de peur. Yasmine me souffle :

— On va sauter de la voiture en marche…

Mais notre véhicule est pris en étau, les voitures forment un long convoi sur la route. Impossible de fuir maintenant. J'ai le terrible pressentiment que c'est notre dernier voyage. Mon cœur bat si fort que le chauffeur doit l'entendre.

Où nous emmène-t-il ? Nous sommes trop terrifiées pour poser des questions.

L'histoire de Nadir

Les hommes de Kocho

Nadir a 17 ans, il est lycéen. Il vit à Kocho avec sa famille.

Il a le cœur léger en quittant l'école avec les autres hommes. Les membres de Daech le font monter dans un pick-up garé devant l'établissement. Une dizaine de villageois sont déjà entassés à l'arrière. Tous vont enfin pouvoir rejoindre les montagnes…

Deux autres voitures sont déjà parties devant. Le pick-up démarre, et Nadir regarde les silhouettes familières des dernières maisons du village qui s'éloignent. Le calvaire va prendre fin.

À trois cents mètres de la sortie de Kocho, le pick-up s'arrête subitement sur le bas-côté.

Nadir aperçoit les véhicules du groupe précédent garés sur le bord de la route.

On leur ordonne de descendre. Puis on les conduit en contrebas où se trouve déjà un groupe de villageois. Nadir et ses compagnons hésitent, ils veulent rebrousser chemin. Les combattants de Daech tirent entre leurs jambes.

— Avancez ! Dépêchez-vous !

Un enfant de 9 ans tient la main de son père. Un homme armé vient le chercher. Le garçon se met à pleurer. Les villageois sont répartis en deux files. On leur ordonne de s'agenouiller.

Parmi les hommes de Daech, Nadir reconnaît des voisins arabes du Sinjar avec qui il a joué au football. Il reconnaît aussi son parrain musulman. Celui qui l'a tenu sur ses genoux pendant sa circoncision.

L'un des combattants sort son portable et se met à filmer.

Un cri résonne en arabe : « Tirez ! »

Une rafale de mitraillette s'abat sur le groupe. Les hommes tombent. Nadir est en bout de ligne, son ami Bakir s'écroule sur lui.

Il reste immobile sous le corps inerte. Il sent qu'il est touché. Une balle lui a écorché le cou et une autre la poitrine. Le sang chaud goutte sur le sol. Nadir fait semblant d'être mort.

Il entend les hommes en noir crier :

— Allons chercher les autres avant que les avions n'arrivent !

Ils craignent les bombardements des Américains qui survolent la région de Sinjar.

Quelques minutes plus tard, ils reviennent avec d'autres hommes du village qu'ils emmènent un peu plus loin, près d'un bassin d'eau asséché en été. Ils font descendre le premier groupe dans le réservoir et alignent les autres sur le bord. Ils tirent à nouveau.

Nadir les entend ramener un troisième groupe. Les détonations des mitraillettes résonnent à côté d'une colline où se trouve une tour émettrice.

Bakir ouvre les yeux et bouge lentement. Nadir lui souffle :

— Lève-toi ! On va s'enfuir !

Mais Bakir gémit :

— Non je ne peux pas, je suis blessé quelque part dans le dos.

Nadir aperçoit Jiwani, un villageois, qui rampe près de lui. Il récupère une bouteille d'eau dans la poche de son frère mort et donne à boire à un homme blessé dont la chemise est percée de trous sanglants. Puis il court se cacher derrière un bosquet.

Nadir respire un grand coup et le rejoint en rampant dans un potager. Les deux garçons restent quelques minutes dans les herbes hautes, le temps de s'assurer que les hommes de Daech ne les ont pas remarqués. Ils enlèvent leurs chemises imbibées de sang et partent en courant vers une vallée. Ils parviennent à se réfugier dans une ferme déserte. Abbas, un autre homme les rejoint. Trop mal en point, il s'effondre sur le sol, ses plaies béantes saignent abondamment.

Les jeunes garçons doivent repartir sans lui. La chaleur est accablante, ils se traînent à bout de force. Au bout d'une heure, ils croisent un berger de la tribu des Arabes Metaweta. Le jeune homme accepte de leur donner de l'eau. Pourtant, sa tribu a rejoint les hommes de Daech, ils ont participé au massacre des habitants de Kocho. Nadir et son compagnon supplient le berger de ne dire à personne qu'il les a croisés.

Ils reprennent la route. Une voiture passe au loin. Nadir et Jiwani se jettent au sol. Leur front ruisselle de sueur, ils n'ont plus d'eau. Les jeunes garçons poursuivent leur chemin sous le soleil ardent jusqu'à une autre vallée. Ils décident de se cacher jusqu'au soir. Ils sont attaqués par des chiens attirés par l'odeur du sang. Lorsque la lune se lève, ils reprennent leur chemin. Ils marchent toute la nuit jusqu'au village de Sinouné, où se trouve Qassim Shesho. Le grand chef yézidi défend son territoire avec une milice d'une vingtaine d'hommes. Il a tenu tête à Daech quand les forces kurdes s'enfuyaient. Là-bas, les garçons seront en sécurité.

9

Ils prennent les enfants !

Les larmes roulent sur mes joues. Une peur panique me tord le ventre. Je veux être forte pour mes cousines et ma petite sœur, mais je suis aussi terrifiée qu'elles. Je sens le regard du chauffeur qui nous observe de temps à autre dans le rétroviseur. Yasmine chuchote :

— Quelqu'un a gardé son téléphone ?

J'acquiesce d'un mouvement de cils.

Au bout de vingt minutes de trajet, nous arrivons à Solagh, un village sur la route de Tal Afar. Le convoi s'arrête devant un grand bâtiment flambant neuf de deux étages, aux murs d'une teinte orangée. Sur le fronton est écrit « Institut technique ». C'est une université.

Les pick-up déversent des dizaines de passagères, silhouettes craintives chargées de sacs, des petits enfants dans les bras. Notre conducteur se retourne vers nous, menaçant :

— J'ai entendu que l'une de vous avait gardé son téléphone ! Vous avez intérêt à le donner !

Je réplique en tremblant :

— Non, on vous jure, on a tout laissé à Kocho !

— De toute façon, ils vous fouilleront. Allez, rentrez dans le bâtiment !

Nous descendons de la voiture et nous nous couvrons le visage jusqu'aux yeux avec nos foulards. Lorsque nous entrons dans le hall, des miliciens nous arrachent nos voiles et les jettent au sol. Je tente de ramasser mon foulard, mais un homme me l'arrache à nouveau avec un sourire narquois.

À l'intérieur du hall, des portraits du Premier ministre du Kurdistan ornent les murs. Des hommes s'activent à les décrocher. L'amir saoudien s'est posté à l'entrée, en vigie, il distribue aux enfants des sacs de noix et de chocolat, des provisions prévues pour l'inauguration de l'institut.

Cet homme est vraiment repoussant. Il parle très fort dans son téléphone en jetant un regard lubrique sur les femmes apeurées qui s'avancent :

— Nous avons arrêté les filles de Kocho, elles sont aussi savoureuses que du miel et du lait de coco !

Le grand hall d'entrée donne sur des salles de classe. Nous cherchons un endroit où nous installer.

Perdues dans la foule avec ma sœur et mes cousines, nous apercevons soudain mes belles-sœurs et ma mère, recroquevillées près de l'escalier qui mène à l'étage. Nous nous étreignons, tellement soulagées de nous retrouver. Elles non plus ne savent pas ce que nous faisons là.

Nous nous asseyons sur le sol, affaissées contre nos sacs. Ma belle-sœur Shirin serre dans ses bras Reben, son petit garçon de 3 ans, et Zayele, la femme de mon frère aîné, berce Ester, sa fille de 2 ans. Maman murmure des prières en égrenant son chapelet en perles de bois. Nous n'osons pas imaginer le sort qui nous attend. Je suis sûre qu'ils vont nous garder comme prisonnières jusqu'à notre mort.

Le Saoudien se met à crier :

— Les femmes qui ont des enfants doivent monter à l'étage, nous allons leur apporter à manger !

Je jette un coup d'œil anxieux à ma belle-sœur Sinem, qui est la seule à avoir deux enfants en bas âge. Son fils Awar a 4 ans et le petit Aran, 1 an et demi. Elle comprend immédiatement et acquiesce de la tête. Je prends doucement Awar dans mes bras. Je sens les boucles du petit garçon contre mon cou, je lui souffle très bas :

— Awar, si un des méchants hommes te demande qui je suis, il faut que tu répondes que je suis « maman ». C'est vraiment très important. D'accord mon chéri ?

Il lève des yeux inquiets, et me répond à voix basse :

— D'accord…

Je rejoins Shirin et Reben qui montent déjà les marches. Mais le Saoudien s'est posté debout à côté de l'escalier. Il me lance un regard mauvais et m'attrape par l'épaule.

— Tu es mariée ?

— Oui !

Je lui montre Awar.

— C'est mon fils.

Il me regarde de son œil torve et demande au petit :

— C'est ta mère ?

J'essaie de contrôler mon corps qui tremble.

Awar fait signe que oui de la tête.

Je gravis l'escalier.

C'est le tour de Sinem. Elle porte Aran dans ses bras. Le Saoudien lui lance :

— Cet enfant n'est pas ton fils !

Il tente d'attraper le petit garçon. Aran se met à pleurer et se cramponne à sa mère en hurlant :

— Maman !

Le Saoudien les laisse monter.

Ma mère est restée en bas avec ma petite sœur Yasmine, 16 ans, Berivan, la femme d'Hassan, et ses filles Rangeen, 22 ans, Seve, 12 ans, son fils

Farhad 11 ans, ainsi que ma tante Hawin et sa fille Myriam, 13 ans. Les jeunes filles se cachent derrière leurs mères, sous la cage d'escalier, tapies sur le sol.

Une fois en haut, avec Shirin, Shamal, Sinem et Zayele, nous nous installons dans le recoin d'une salle de classe déjà bondée. Les gardes nous donnent des biscuits et des jus pour les enfants. Mais il n'y a pas d'eau. Depuis la fenêtre, je vois un jardin derrière l'école.

*

À la tombée de la nuit, nous entendons soudain des hurlements résonner dans le hall. Je me lève pour aller voir. Une femme se met à crier :

— Ils prennent les jeunes filles !

C'est l'affolement général en bas. Du haut de l'escalier, je vois les gardes qui arrachent les filles des bras de leurs mères, elles hurlent et tentent de résister. Ils les menacent avec des armes. Ils emmènent ma sœur Yasmine, la petite Seve... Ils traînent les jeunes filles dehors par les cheveux. Je reconnais Myriam avec ses nattes bien sages et sa robe bleu marine. Elle m'a vue en haut de l'escalier, elle me fait un signe d'adieu. Myriam n'a que 13 ans. Elle en paraît bien moins, avec son visage poupin et son corps de fillette.

Les gardes fouillent la salle avec des lampes torches. Ils trouvent Rangeen qui était cachée derrière le dos de sa mère.

Ils font grimper les jeunes filles épouvantées dans deux grands bus qui s'éloignent sur la route.

Peu après, les gardes montent à l'étage. Ils annoncent dans les salles :

— Nous venons chercher les garçons de plus de six ans !

Les mères se débattent, supplient, hurlent comme des louves. Des gardes giflent ma sœur Shamal qui se cramponne à ses deux fils. En bas, ma tante Berivan devient hystérique quand ils lui arrachent Farhad.

— Non ! Mon fils ! Ne touchez pas à mon fils ! Vous avez déjà pris mes filles !

Elle les repousse. Ils la frappent à la tête à coups de crosse pour qu'elle le lâche. Le petit garçon de 11 ans, terrifié, en pleurs, est entraîné dehors. On ne sait pas où ils emmènent les enfants.

Les cris des mères résonnent dans la nuit. Je n'ai jamais rien entendu de si déchirant. Les petits enfants pleurent aussi, terrifiés. Nous sommes anéanties devant une telle cruauté. Ces hommes n'ont aucune pitié, aucune humanité. Comment peuvent-ils traiter ainsi des femmes sans défense et des enfants ?

Ils prennent les enfants !

Je berce Awar dans mes bras pour le calmer. Mais je ne ferme pas l'œil de la nuit. Nous sommes livrées à des bêtes sauvages, des monstres. Le pire n'est sans doute pas encore arrivé.

L'histoire de Myriam

Le choix de l'amir

Myriam baisse les yeux. Comme si cela pouvait la rendre invisible. Elle sent l'étoffe de la tunique d'Abou Ahmed qui l'effleure. Il passe dans les rangs. Il scrute une par une les jeunes filles assises en tailleur. C'est le chef de Mossoul. Lorsqu'elle l'a vu entrer dans la pièce, Myriam l'a trouvé vraiment affreux. Maigre, très grand, avec une vilaine peau trouée de vérole. Il doit avoir 40 ans. Une barbe dépenaillée.

Un de ses hommes le suit, un jeune, arme en bandoulière, qui grommelle avec mépris :

— Sales yézidies… Sales putes du diable…

À côté de Myriam, ses cousines Seve et Yasmine fixent le sol. Surtout aucun contact visuel avec l'homme. Surtout retenir son souffle. Ne pas attirer son attention. Disparaître sous terre. Abou Ahmed passe devant Myriam et continue son inspection.

Les jeunes filles ont été emmenées en bus jusqu'à la ville de Mossoul. Elles sont arrivées à 3 heures du matin. Les gardes les ont enfermées dans une grande maison désertée par ses propriétaires. Une famille de chrétiens, d'après les symboles religieux qui décorent les murs.

Myriam a compté en tout cent vingt prisonnières, des adolescentes et des femmes mariées qui n'avaient pas encore d'enfant. La plus petite était une fillette qui devait avoir à peine 9 ans. Il n'y avait même pas assez de place pour le flot continu de jeunes filles déversées dans les lieux. Puis les gardes ont réclamé leurs cartes d'identité. Après avoir été enregistrées, les filles se sont endormies. Mais Myriam avait les nerfs à vif, incapable de trouver le sommeil. Elle a repéré deux gardes à l'étage et quatre en bas. Impossible de s'enfuir.

À midi, l'amir est arrivé.

Il arpente maintenant la pièce et menace une petite blonde à la peau diaphane avec son arme :

— Toi, debout, et va là-bas vers l'entrée !

Il repasse devant Myriam :

— Lève les yeux vers moi ! Mets-toi debout !

Myriam se redresse, les jambes en coton. Il l'inspecte et l'envoie rejoindre le groupe de l'entrée. Il choisit aussi ses cousines et encore six autres filles. Il en a sélectionné une trentaine en tout. Elles sont emmenées dans une autre maison de la ville.

C'était la demeure d'une famille chiite. Sur les murs sont encadrées des prières en lettres dorées à la gloire de l'imam Hussein et une photo de la famille en pèlerinage à Kerbala, lieu saint des chiites. Sur place, il y a déjà cinq filles yézidies. Elles leur jettent un regard las et triste quand les nouvelles venues entrent dans la pièce. Il y a deux filles que Myriam connaît, Samia et Meram, deux sœurs de Kocho. Les prisonnières s'allongent côte à côte à même le sol après avoir mangé une galette de pain. Une fois que tout le monde dort, Myriam fait semblant d'aller aux toilettes et jette au passage un coup d'œil à la porte d'entrée. Deux gardes armés surveillent.

*

Le lendemain, Abou Ahmed est de retour. À nouveau, il fait aligner les jeunes filles. Elles sont immobiles, assises en tailleur, silencieuses. Il passe et repasse. Demande à l'une de se lever. L'observe. La fait se rasseoir. Finalement, il choisit Samia. C'est une ravissante jeune femme de 19 ans aux longs cheveux blonds et aux yeux noisette. Elle se lève doucement. Myriam voit que le menton de Samia tremble, elle serre la main de sa grande sœur Meram :

— S'il vous plaît, je veux rester avec ma sœur ! S'il vous plaît laissez-nous ensemble !

— Tu veux ta sœur ? Très bien, elle va monter avec nous !

Abou Ahmed affiche un sourire mauvais. Il agrippe chacune des sœurs par le bras. Elles se mettent à pleurer et refusent d'avancer. Les sbires d'Abou Ahmed les tirent par les cheveux jusqu'en haut de l'escalier. Les portes claquent à l'étage, des rires gras et des cris résonnent.

Myriam reprend sa respiration. La sueur coule le long de sa nuque. Ce ne sera pas son tour cette fois-ci. Elle ressent une profonde lassitude. Elle a tout le temps la tête qui tourne, la nausée. Elle se demande s'ils n'ont pas mis de la drogue dans la nourriture ou dans l'eau. Ou dans les deux.

Le soir même, Abou Ahmed et ses hommes ramènent les deux sœurs dans la salle du bas. Elles ont les yeux rougis et les cheveux en bataille. Elles pleurent de rage en silence. Myriam n'a pas le droit de leur parler, mais elle a bien compris.

Les jours suivants, Abou Ahmed et ses hommes viennent souvent chercher Samia et la ramènent ensuite. Elle semble complètement ailleurs, ses yeux sont dans le vague. Elle somnole, recroquevillée sur le sol. Murmure que les hommes la forcent à prendre des anesthésiants à haute dose afin qu'elle ne sente plus son corps. Parfois ils choisissent d'autres proies.

Tous les deux jours, un groupe de miliciens pousse la porte de la maison pour venir chercher des filles. Seuls les chefs peuvent se servir, ce sont des hommes déjà âgés. Les plus jeunes n'ont pas le droit de toucher aux prisonnières.

Myriam a très peur d'un petit homme fort, aux yeux cruels. Abou Samir. Quand il entre dans la pièce, toutes les filles se renfoncent dans les coins. Abou Samir les regarde d'un air dégoûté.

— Elles sont répugnantes ! Vous ne pouvez pas vous laver, sales putes de yézidies ? Espèces de truies !

Les filles ont trouvé un moyen de résister. La grève de la douche. Elles ne se lavent pas, s'emmêlent les cheveux pour être laides, se frottent le visage avec de la suie qu'elles récupèrent dans le fourneau de la cuisine.

Un jour, une adolescente est ramenée par des hommes. Son pantalon est trempé. Ils la frappent avec des câbles et la jettent par terre avant de repartir, dépités. Malgré la douleur cuisante, la jeune fille sourit à Myriam et lui glisse fièrement :

— Quand ils m'ont emmenée dans leur voiture, je me suis pissé dessus pour les dégoûter !

Une semaine a passé. Myriam est désespérée. Jamais elle ne sortira de cet enfer. Ses cousines Yasmine et Seve ont été choisies hier. Toutes les filles ont été emmenées. Il ne reste plus qu'elle, sa grande cousine Rangeen et une troisième fille qui est sourde et muette. La pauvre ne comprend pas ce qui se passe, elle est complètement perdue.

Rangeen, elle, est très malade. Elle vomit tout le temps. Elle a dit aux gardes qu'elle avait le cancer. Ils l'ont conduite chez un médecin. Ce dernier a bien voulu confirmer par écrit que sa condition était sérieuse. Mais les gardes ne se gênent pas pour la frapper, cela les agace qu'elle vomisse sans arrêt.

10

Une silhouette fragile

La nuit est si moite. Les gardes nous ont fait sortir dans la cour de l'Institut technique. Nous dormons toutes dehors, en plein air, sans espoir d'être rafraîchies par un souffle d'air. La chaleur remonte du sol en céramique chauffé à blanc par le soleil pendant la journée. Nous avons déplié des vêtements pour allonger les enfants.

Lorsque le jour se lève, c'est à nouveau la fournaise. On nous ramène dans les salles de classe. Nous demandons de l'eau à nos gardiens. Ils répondent qu'il n'y en a pas. Comme nous insistons, ils récupèrent dans une bouteille celle des chasses d'eau des toilettes de l'institut. Mais nous refusons de la boire, elle est croupie et sent très mauvais. Finalement, un camion d'eau arrive et les gardes remplissent un réservoir. Ils nous distribuent des biscuits et du lait pour les enfants.

Vers midi, l'un d'eux entre dans la salle, il ordonne :

— Les femmes âgées doivent descendre. Nous allons les emmener en bus.

Ma mère lève des yeux effarés, elle nous regarde les unes et les autres avec désespoir. Nous pleurons de rage, nous ne pouvons rien faire pour la protéger. Maman n'ose pas résister devant la brutalité des gardes. Ils n'hésitent pas à frapper sauvagement à coups de tuyaux en plastique les vieilles dames qui rechignent. Je la serre dans mes bras de toutes mes forces. Je lui souffle :

— Ne t'inquiète pas, maman, on finira par être réunis à nouveau. Je prierai tous les jours pour toi. Prends soin de toi.

Mon cœur se serre. Je la regarde descendre lentement les marches, accrochée à la rampe, elle qui souffre tellement de ses jambes. Une silhouette fragile qui claudique, vieille dame terrifiée parmi les autres en robe noire et foulard blanc. Elle monte dans le bus.

Il ne reste plus que mes belles-sœurs, Shirin, Sinem, Zayele, mes tantes et mes grandes sœurs Nadia et Shamal.

L'histoire de Samia

Le martyre des jeunes filles

Samia a l'impression de suffoquer. Elle cache son visage dans ses mains. Elle est cloîtrée dans une chambre à l'étage avec Meram, sa sœur de 25 ans. Il y a aussi deux autres filles de Kocho, elles doivent avoir 13 ou 14 ans.

Abou Ahmed ordonne à ses hommes :

— Gardez-les enfermées dans la pièce.

Les gardes apportent un plateau avec du riz. Les filles n'ont aucun appétit. Meram murmure :

— Il faut qu'on ait des forces pour s'enfuir.

Elles tentent d'avaler quelques bouchées. Mais, peu après le repas, des vertiges les gagnent. Elles s'allongent sur le sol dans un état second. Ils ont mis de la drogue dans la nourriture, pense Samia.

Abou Ahmed entre dans la pièce. Il lui dit de se lever. Elle a la tête qui tourne. Elle est jetée sur un lit dans une autre chambre. On lui fait une injection dans le bras. On lui arrache ses vêtements. Elle est presque inconsciente quand il la viole. Elle sent malgré tout la douleur qui déchire son corps. Elle perd la notion du temps et s'évanouit. Elle émerge dans la chambre à côté des autres filles. Son pantalon est maculé de sang. Elle a envie de vomir mais pas la force de se traîner dans la salle de bains.

Les jours suivant, chacune est violée tour à tour. Samia est la plus brutalisée, car c'est la plus belle d'après l'amir. Elle est battue si elle tente de résister.

La nuit est tombée. Samia somnole à moitié. Elle est à nouveau traînée sur un lit. Elle ne veut pas qu'on touche son corps meurtri. Elle veut mourir. Ces mains sur elle la dégoûtent.

Un garde entre dans la chambre qui leur sert de prison en brandissant un bâton.

— Vous devez prendre une douche ! Vous puez ! Et je ne veux pas vous entendre pleurnicher !

Dès qu'il a refermé la porte, les jeunes filles réfléchissent à un moyen de désobéir sans se faire punir. Elles décident de mouiller leurs cheveux dans le lavabo, pour faire croire qu'elles ont pris un bain.

Quelques heures plus tard, elles sont autorisées à descendre pour rejoindre les autres prisonnières. Elles n'osent pas les regarder dans les yeux. Elles baissent la tête et s'assoient sur le sol. Il y a encore une quinzaine d'autres filles au rez-de-chaussée.

Abou Ahmed entre dans la pièce, accompagné d'un autre combattant vêtu de noir. L'homme les regarde une par une. Il se sert d'une lampe torche laser pour désigner celle qu'il veut prendre avec lui. Il pointe sa torche sur Samia :

— Je veux celle-là dans la chambre ce soir !

Samia est terrifiée, elle tombe à genoux et supplie Abou Ahmed :

— S'il vous plaît, ne le laissez pas me prendre !

Abou Ahmed ordonne à son compagnon :

— Choisis une autre fille, celle-là, je la garde pour moi.

L'homme jette alors son dévolu sur une adolescente de 13 ans. Il la prend par le bras et la tire vers l'entrée. La fille se débat. L'une de ses cousines se met à hurler :

— Non ! Pitié ! Laissez-la !

Un garde la frappe à coups de tuyau en plastique. Elle se recroqueville.

— Tu vas la fermer, salope de yézidie !

Les gardes enregistrent les noms des prisonnières. Les jeunes filles leur donnent de fausses identités. Ils les appellent une par une et les répartissent en trois groupes différents. Samia est à nouveau à l'étage, dans une chambre avec sept autres filles, mais il n'y a plus sa sœur.

Elle n'arrive pas à s'endormir, elle est trop inquiète. Que va-t-il arriver à Meram, son aînée chérie ?

Il est tard dans la nuit, elle sort de la chambre restée ouverte. Elle entend la voix d'Abou Ahmed en bas. Elle descend l'escalier. Elle demande :

— Où est ma sœur ?

— Elle est dans une autre maison, tu veux lui parler au téléphone ?

— Oui, je vous en prie !

Abou Ahmed contacte l'homme qui a emmené Meram. Samia entend une voix fatiguée qui grésille dans le portable :

— Samia ? C'est toi ? Ne t'inquiète pas, je vais bien et je suis toujours à Mossoul. Et toi ?

Abou Ahmed reprend le téléphone :

— Ça suffit maintenant. Va te coucher, demain des hommes viennent vous emmener en Syrie.

Samia a le vertige. Elle se met à pleurer :

— S'il vous plaît ! Gardez-moi avec vous à Mossoul ! Je ne veux pas m'éloigner de ma sœur.

Abou Ahmed accepte. Vers 3 heures du matin, il l'emmène avec lui dans un appartement où il vit avec son épouse. Samia s'endort sur un matelas dans le salon. Lorsqu'elle se réveille, au petit matin, il est parti. Il y a juste sa femme dans la maison qui prépare à manger. Elle est petite, voilée de noir, avec des traits anguleux. Elle ne lui adresse pas la parole et lui donne un morceau de pain pour son déjeuner. Les heures s'écoulent. Samia reste prostrée dans le salon. À 18 heures, la femme part s'allonger dans sa chambre. Samia s'approche de la porte sans bruit. Bientôt, elle entend une respiration régulière.

La jeune fille réfléchit à toute vitesse. C'est le moment. Il faut qu'elle fasse vite. Elle a repéré le portable de la femme en train de charger dans la cuisine. Elle le glisse dans son corsage et monte à l'étage aussi silencieusement que possible. Dans une chambre, elle aperçoit un balcon derrière la fenêtre. Elle arrache un rideau et l'attache à l'un des barreaux du balcon. Son cœur bat la chamade. Elle escalade le balcon et se laisse glisser jusqu'en bas.

Elle se retrouve dans un terrain vague. Un bosquet se dessine au loin derrière la maison. Samia court, éperdue, et se jette à l'abri dans des buissons. En quittant Kocho, elle a pu cacher sa carte Sim dans une petite poche. Elle ouvre le portable de l'épouse d'Abou Ahmed et glisse la précieuse carte à l'intérieur. Une bouffée de joie l'envahit quand le téléphone se met en marche. Elle parvient à joindre son frère :

— Je suis à Mossoul ! Je me suis enfuie ! S'il te plaît, aide-moi, tu peux contacter quelqu'un pour me récupérer ?

Son frère est sur le qui-vive.

— Je vais trouver quelqu'un ! Reste bien cachée ! Je vais trouver une personne pour venir te chercher. Je te rappelle dans une demi-heure.

Les heures s'écoulent. Son frère ne rappelle pas. Samia commence à désespérer. Elle décide d'appeler son ancien professeur d'école de Kocho, un Arabe sunnite qui vit à Sinjar. Il promet lui aussi de l'aide et raccroche.

Tard dans la nuit, le frère de Samia la rappelle :

— Tu as une idée de l'endroit où tu te trouves ?

— Je suis près d'une forêt, il n'y avait rien d'autre qu'une station essence à côté de la route.

— Va à la station essence, demande à l'employé le nom du quartier.

— Mais si jamais il me dénonce ?

— Samia, il faut prendre le risque, je ne peux rien faire si je ne sais pas où tu es.

Samia s'extrait des buissons et marche lentement jusqu'à la station, seule lumière dans la nuit. Un vieil homme en tunique blanche est assis devant sur une chaise en plastique. Il l'observe avec curiosité. Samia le salue en tremblant :

— Salam alikoum, pardonnez-moi, mon oncle, j'ai perdu mon chemin. Dans quel quartier sommes-nous ?

— Mais qu'est-ce que tu fais toute seule ici ?

Samia ne sait pas quoi répondre. Elle décide de faire confiance au vieil homme. Elle souffle :

— Je me suis échappée. Je vous en supplie aidez-moi.

— Qu'est-ce que je peux faire pour toi ?

— Je vais contacter une personne de ma famille, vous lui direz où nous nous trouvons exactement dans Mossoul.

Le vieil homme accepte. Peu de temps après, une voiture se gare devant la station. Le conducteur a été envoyé par le frère de Samia. Il vient la chercher pour la ramener chez lui. La jeune fille sent son cœur bondir dans sa poitrine. Elle est presque en sécurité. L'homme l'installe dans son salon et sa femme lui apporte à manger. Samia pleure de joie et ne sait comment les remercier. Mais il faut maintenant trouver un moyen de sortir de Mossoul. L'homme dit qu'il n'a pas de contacts pour le moment.

Le jour suivant, le professeur arabe de Kocho la rappelle.

— C'est bon, Samia, j'ai trouvé quelqu'un pour te faire quitter la ville. Je vais t'envoyer un chauffeur, où es-tu ?

Samia lui donne l'adresse. Il note et lui répond :

— Parfait, surtout ne bouge pas. Quelqu'un va venir te chercher.

Une heure plus tard, trois voitures s'arrêtent devant la maison où est cachée la jeune fille. Ce sont des hommes en armes. Daech. Le professeur l'a dénoncée. Samia est arrêtée ainsi que l'homme qui l'hébergeait.

Elle est emmenée dans une grande maison chrétienne, l'un des quartiers généraux des djihadistes, où se trouvent trois autres filles, âgées de 14 ou 15 ans. Abou Ahmed arrive sur place. Fou de rage, il ordonne que Samia soit punie. Elle est traînée à l'étage dans une chambre. Les gardes s'acharnent sur elle à coups de câble. Elle est en sang, couverte de plaies sur tout le corps. Elle reste cloîtrée dans la pièce pendant trois jours. Elle n'a le droit d'en sortir que pour manger.

Dans la maison se trouvent aussi trois compagnons d'Abou Ahmed. Le soir, ils se servent, une fille pour chacun.

Chaque fille est enregistrée au nom d'un combattant. Ils ont fait établir un certificat de propriété, délivré par leur cour de justice. Abou Ahmed explique à Samia que, selon le Coran, un homme musulman peut jouir de ses captives, il peut prendre un nombre sans limites de concubines. Il proclame :

— Toi, tu es enregistrée à mon nom. Tu m'appartiens.

Cinq jours se sont écoulés, Samia et les autres adolescentes décident de s'enfuir. Elles ont récupéré le téléphone portable d'un des gardes pendant qu'il somnolait sur une natte.

Les jeunes filles patientent jusqu'à 3 heures du matin. Elles s'assurent que leurs geôliers sont tous profondément endormis. Discrètement, elles attachent des draps au balcon du deuxième étage et se glissent dehors une par une.

Au bout de la rue, elles trouvent une maison en construction. Sur une route à côté, l'enseigne d'un ministère. Samia rappelle son frère qui lui donne le numéro d'un Kurde de Mossoul. Elle le contacte. Il lui fournit à son tour le numéro d'un taxi. L'homme promet de venir les chercher devant le ministère. Elles ne doivent pas bouger. Les heures s'écoulent lentement, elles commencent à désespérer. S'il ne venait pas ? Hors de question de retourner dans leur prison. Elles se disent qu'elles préfèrent encore mourir.

Le jour se lève. Il est 6 heures du matin, quand un taxi arrive.

— Il s'est garé devant le panneau, c'est forcément lui ! s'écrit Samia.

Les jeunes filles observent la rue. Personne aux alentours. Elles sortent de leur cachette. Le chauffeur leur fait un signe. Elles courent jusqu'au véhicule

— Montez vite !

Elles se jettent à l'arrière, n'osant croire qu'elles sont enfin sauvées. Il démarre en trombe.

Le chauffeur les conduit directement chez un passeur. Elles dorment une nuit dans sa maison avec sa famille. Il a prévu pour chacune un grand voile noir, dont un pan couvre le visage jusqu'aux yeux. Le lendemain matin, il s'installe à l'avant de sa voiture avec son épouse. Les filles prennent place à l'arrière. La femme tend son fils de 3 ans à Samia :

— Prends-le sur tes genoux. Il faut qu'on ait l'air d'une famille.

Samia sert l'enfant dans ses bras.

La voiture roule à travers les rues de Mossoul. Des patrouilles d'hommes de Daech circulent en pick-up. Les jeunes filles tremblent à l'arrière. Si jamais on les découvrait ?

La voiture s'arrête au check point qui contrôle une entrée de la ville. Les gardes jettent un œil à l'arrière. Ils ne demandent rien aux passagères. Ils ne parlent pas aux femmes. Ils interrogent le conducteur :

— Vous allez où ?

— Nous allons rendre visite à mon frère, j'emmène ma femme et mes filles.

— Allez-y.

La voiture repart. Ça y est. Elles ont quitté Mossoul. Quelques kilomètres plus loin, l'homme se gare. Le trajet se continue à pied. Un autre passeur prend le relais. Elles doivent marcher pendant près d'une heure à travers un champ de mines. Le passeur leur répète :

— Restez bien dans mes traces, sinon cela risque d'exploser.

À la nuit noire, la petite troupe parvient enfin à un barrage de sécurité kurde. Le passeur les confie aux peshmergas et repart dans la nuit. Toute la tension retombe d'un coup. Les jeunes filles laissent enfin éclater leur joie. Le cauchemar se termine. Samia ne croyait pas qu'elle allait s'en sortir vivante. Elle se sent renaître. Elle est libre.

11

Le retour des garçons

L'aube se lève. Femmes et enfants somnolent pêle-mêle sur le sol. Nous sommes réveillées soudain par un cri de joie.

— Les garçons ! Ils ramènent les garçons !

Une jeune fille passe de salle en salle, surexcitée, pour annoncer la nouvelle.

Berivan n'ose pas y croire. Cela fait dix-sept jours que Farhad est parti. Elle prie jour et nuit pour qu'on lui rende son petit garçon. Nous guettons par la fenêtre. Un bus apparaît sur la route. Il se gare devant l'Institut technique. Les mères se précipitent dans le hall en criant, c'est la bousculade. Farhad sera-t-il là avec les autres garçons ? Nous voyons des enfants descendre. Soudain Berivan l'aperçoit.

Elle se jette sur lui quand il entre dans le hall et l'emporte dans ses bras en sanglotant.

— Mon fils ! Mon fils ! Je ne laisserai plus personne te prendre ! Mon fils, tu es vivant !

Farhad a maigri, son sourire est triste. Nous l'embrassons de toutes nos forces. Berivan caresse ses cheveux bouclés. Je suis tellement soulagée de le revoir. Des rumeurs atroces circulent. On dit que les hommes de notre village ont été exécutés. Nous avions si peur qu'ils tuent aussi les petits garçons. Après l'avoir câliné tour à tour, nous offrons à Farhad nos maigres provisions de biscuits. Il se blottit dans les bras de sa mère. Nous le pressons de questions :

— Raconte ce qu'il s'est passé, Farhad ! Ils t'ont emmené où ?

— On nous a emmenés dans une maison avec quarante autres enfants. Ils étaient tous de Kocho je crois, sauf un. Il y avait des gardes avec de longues barbes, c'étaient des hommes de Tal Afar. Après, ils ont envoyé les garçons de 13 ans dans une autre salle. Nous, les petits, on était enfermés tous ensemble dans une pièce minuscule, on ne pouvait même pas s'allonger tous en même temps, on devait garder les jambes pliées. Il n'y avait pas de matelas, on dormait juste sur le sol sans rien. On ne pouvait pas s'enfuir, on ne savait même pas où aller. Au début, les petits de 6 ans pleuraient beaucoup, on leur disait de ne pas s'inquiéter, qu'on allait retrouver nos mamans.

Berivan essuie ses larmes avec son foulard. Farhad l'embrasse et continue :

— Pendant deux jours, les gardes ne nous ont rien donné à manger ni à boire. On avait tellement soif qu'on a bu l'eau de la chasse d'eau des toilettes.

… Après, le matin, on avait du beurre rance et du pain dur. Pour le déjeuner, du riz moisi plein de larves. Une fois, il y a eu de la viande mais il n'y en avait pas assez pour nous tous. On avait faim et on se sentait malades, on n'arrêtait pas de se gratter à cause des poux. On ne se lavait jamais. Le soir, tous les enfants pleuraient et ils voulaient retourner avec leur famille. Mais les gardes, ils voulaient qu'on apprenne le Coran. Il y avait un homme assis sur une natte, il disait : « Répétez après moi. Il faut que vous reconnaissiez qu'il n'y a qu'un seul dieu, et que Mohammed est son prophète. Vous allez devenir de bons musulmans, et vous verrez que l'État islamique est un paradis. »

… On était obligés de réciter la profession de foi des musulmans, sinon on était battu. Ensuite l'homme nous lisait des pages du Coran qu'il fallait réciter par cœur. Ceux qui n'y arrivaient pas, il les frappait avec un bâton. Il y avait des enfants qui s'endormaient sur le sol parce qu'ils n'avaient plus de force. Au bout de quelques jours, l'homme en a eu assez parce qu'on ne retenait rien, donc il a arrêté de nous apprendre le Coran.

… Mais les gardes nous frappaient tous les jours parce qu'on pleurait et qu'on réclamait nos mères. Si un enfant appelait sa mère, tous les autres pleuraient avec lui.

Ils nous traitaient comme des bêtes

… Hier soir, il y a eu des bombardements des Américains et le bruit nous a réveillés, toute l'école tremblait. Et ce matin, ils nous ont mis dans un bus et ils nous ont ramenés ici. Ceux qui avaient plus de 12 ans, ils sont restés, je ne sais pas ce qu'ils sont devenus. Je croyais que je ne reverrais plus jamais ma maman.

12

Une geôle sordide

Le soir, vers 23 h 30, les gardes nous demandent d'empaqueter nos affaires. Nous quittons l'Institut technique. Nous sommes plus d'une centaine, avec les enfants et les bébés, chargées de sacs et de baluchons. Ils nous répartissent dans trois bus. Je monte dans le dernier avec mes belles-sœurs. Nous nous arrêtons dans la ville de Tal Afar, devant une école. Il fait nuit, et on ne distingue pas bien le quartier.

Quand nous entrons à l'intérieur du bâtiment de deux étages, l'établissement est déjà bondé. Nous devons enjamber les femmes et les enfants assis sur le sol. Ces prisonniers sont aussi des gens du Sinjar. Il y a six salles de classe et toutes les pièces sont déjà pleines. Heureusement, nous retrouvons mes sœurs Shamal et Nadia, qui ont pris le premier bus, elles ont réservé un coin pour nous.

Nous sommes tellement serrées qu'on ne peut étendre nos jambes, à moins que l'une d'entre nous ne se lève pour aller aux toilettes. Nous sommes assises en tailleur, avec les enfants sur nos genoux, mais je m'écroule de sommeil malgré tout. Comme je ne peux pas m'allonger, je me réveille chaque fois que ma tête tombe en avant. Je passe la nuit à lutter dans cette position inconfortable. L'odeur est terrible, cela sent la sueur, l'urine, la saleté…

*

Le matin, nous sommes assoiffées à cause de la chaleur mais les gardes ne nous donnent même pas d'eau potable. L'un d'eux nous apporte un morceau de pain qui grouille d'insectes. Il n'y a pas assez de lait en poudre. Les toilettes de l'école sont dans un état si épouvantable que je ne peux même pas les décrire.

Certains gardes se montrent compatissants. S'ils avaient pu, ils nous auraient aidés. Ce sont des jeunes garçons. Ils sont désolés pour nous et pour les enfants qui ont soif et si faim. Les heures passent et maintenant tous les petits hurlent. Des mères, désespérées, se mettent à crier :

— Arrêtez de pleurnicher ! Il n'y a rien à manger !

Je vois une femme devenir folle au fond de la salle. Elle frappe la tête de son enfant de 4 ans contre un mur parce qu'il pleure depuis des heures. Nous allons toutes finir cinglées dans cet endroit. Mes petits neveux hurlent avec tous les autres enfants, cela nous brise le cœur d'être aussi impuissantes.

Je me lève et je vais supplier un jeune garde de nous donner quelque chose. Il hésite un instant. Puis il me glisse discrètement un sac en plastique avec une portion de soupe et du riz. Il murmure :

— S'il te plaît, dis au garde qui prendra la relève que je suis intraitable et que je ne t'ai rien donné à manger.

— Bien sûr, ne t'inquiète pas. Que Dieu te bénisse !

Il me prévient aussi :

— Notre amir va venir de Mossoul pour choisir des femmes, surtout, ne te fais pas remarquer.

— D'accord. Merci encore ! Dieu te bénira pour tes bonnes actions !

Je retourne dans la salle et nous partageons le contenu du sac entre les enfants. Nous, les adultes, pouvons bien nous priver. Malgré tout, la vue de la nourriture est difficile à supporter. Notre ventre crie famine.

Il est 10 heures quand l'amir fait son apparition. Nous entendons des hommes le saluer dans le hall. Le voilà avec ses gardes dans l'encadrement de la porte. C'est un vieil homme très laid, aux yeux perçants avec un gros nez. Il porte une longue tunique blanche et un pistolet à la ceinture. Il nous jette un regard salace. Je détourne vite les yeux. Je sens les épaules de mes voisines qui tremblent de peur. Je m'obstine à fixer le sol.

L'amir nous demande de lever la tête. Il inspecte les visages de ses petits yeux enfoncés, puis il choisit trois femmes dans la pièce, celles qu'il trouve les plus attirantes.

— Allez debout ! Vous venez avec moi.

Les femmes tentent de résister, elles montrent leurs enfants.

— Nous sommes des mères, s'il vous plaît, ayez pitié !

Nous protestons toutes :

— Laissez-les en paix ! Elles ont des bébés !

Il rétorque :

— Silence ! Comment osez-vous ?

Le garde à côté de lui nous frappe à la volée avec un tuyau en plastique. L'amir sort son pistolet et nous menace :

— Si j'en entends encore une qui l'ouvre, je la tue !

Les femmes qu'il a choisies sortent de la pièce en pleurant, leur bébé dans les bras.

Elles reviennent le soir même. Elles s'assoient sur le sol sans un mot en serrant leur enfant, prostrées. L'une d'elles ferme les yeux, des larmes coulent sur ses joues en silence.

*

Au cours de la nuit, nos geôliers font venir deux camions d'eau. Dans chaque pièce, ils déposent un seau d'eau en plastique. Mais cette eau est très sale et chaude.

Le lendemain, tous les enfants ont la diarrhée. Ils sont complètement déshydratés. Le petit Awar est malade, tout comme Ester, Aran, Reben, Aryan… Bien sûr, impossible de les laver. Et les gardes se montrent avares avec les couches. Ils refusent d'en donner aux enfants les plus grands. Mais les pauvres ne peuvent pas se retenir. Les odeurs dans la pièce sont devenues pestilentielles.

Ma belle-sœur Shirin me montre une petite tache ronde sur la joue d'Aran. Nous inspectons les autres enfants et je m'aperçois qu'Ester a des cercles rosés sur les poignets.

— C'est une maladie de peau, assure une femme à côté de nous. Ça s'appelle la teigne. C'est à cause des conditions d'hygiène. Je connais, j'étais infirmière !

Bientôt, la plupart des enfants de la pièce ont des plaques semblables sur le visage et sur les poignets.

L'histoire d'Azad

L'attente

En retournant à son travail de réceptionniste à l'hôtel, début août, Azad est d'humeur morose. Il aurait bien aimé que son épouse, la jolie Shirin, et leur petit garçon soient là. Il se sent seul ici, au nord d'Erbil, sans sa petite famille.

Alors qu'il enregistre un nouveau client à la réception, ce dernier, un homme d'affaires kurde, fixe avec effroi l'écran de télévision installé au-dessus du bureau.

— Ils ont pris le Sinjar !

Azad découvre avec stupeur les nouvelles en direct. Les hommes du Califat sont partis à l'assaut du Sinjar. Les peshmergas ont pris la fuite, la population est livrée en pâture aux djihadistes. Des milliers de yézidis sont assiégés dans la montagne.

Azad appelle immédiatement à Kocho, mais son père se montre rassurant. Toute la famille est saine et sauve, le maire négocie avec les hommes de Daech, ils ne leur feront pas de mal. Azad lui conseille de fuir, mais son père refuse. De toute façon il est trop tard, le village est encerclé.

Azad appelle tous les jours, il est de plus en plus inquiet. Shirin lui raconte que la situation ne fait qu'empirer, les hommes de Daech ont fixé un ultimatum. Le village doit se convertir, le maire tente de négocier.

— Ne t'inquiète pas, Azad, lui assure son père, nous allons pouvoir quitter le village, nous leur donnerons notre or en échange, comme les chrétiens de Mossoul.

Le 15 août, les portables de la famille ne répondent plus. Le lendemain, à la télévision, un témoin confirme qu'une centaine de personnes de Kocho ont été tuées et les femmes et enfants kidnappés. Azad pense être dans un cauchemar, il ne veut pas croire les nouvelles. Un journaliste arabe, installé dans l'hôtel, l'interpelle :

— Monsieur ! Vous êtes de Kocho ?

— Oui, pourquoi ?

— Est-ce que tous les hommes de votre famille ont été tués ?

Azad sent que sa vue se brouille. Il réplique, furieux :

— Est-ce que vous pensez que c'est vraiment le moment de poser ce genre de questions ? Vous n'avez donc aucune humanité ?

Azad demande à son patron la permission de partir. Il plie bagage et se précipite à Dohuk pour tenter d'avoir des nouvelles de ses proches. Lorsqu'il arrive sur place, après trois heures de route, la ville est déjà submergée par les réfugiés. Azad fait le tour de ses connaissances. En appelant à droite à gauche, il parvient à contacter sa tante Dereen, ainsi que sa sœur Suzan. Elles sont réfugiées dans un village.

— Dès que nous avons entendu que Daech était à Sinjar, nous sommes parties avec les petits enfants. Mais nous n'avons aucune nouvelle de nos fils aînés ni de nos maris.

Suzan se lamente :

— Les hommes nous ont dit qu'ils allaient nous rejoindre. Mais ils ne sont jamais arrivés. Si seulement ils étaient partis avec nous !

Dans la maison, tout le monde est hébété de chagrin. Azad tente de se convaincre :

— Les chaînes de télévision se trompent peut-être, il ne faut pas perdre espoir.

Mais sa tante répond en larmes :

— Non, Azad, il n'y a pas d'espoir. Des villageois qui ont réussi à échapper au massacre nous ont raconté ce qu'il s'était passé. Les hommes ne reviendront pas.

Avec un ami du village, Azad trouve de quoi se loger dans un bâtiment en construction. Il a perdu le sommeil et l'appétit. Il passe ses journées à tenter de joindre tous les membres de sa famille. Les portables ne répondent pas. Pourtant il a appris que certaines *femmes enlevées avaient pu contacter leurs proches. Elles ont été emmenées à Mossoul. Azad espère que sa femme et ses sœurs se trouvent là-bas.*

Il remue ciel et terre pour tenter de faire libérer sa famille, il appelle des Arabes de Tal Afar, de Mossoul, des chefs de tribu que connaissait son père, des contacts que des amis lui ont donnés. Tous répondent qu'ils ne peuvent agir, impuissants face à Daech. Pour le moment, impossible de négocier avec les nouveaux maîtres de la région.

13

La prochaine fois

De nouveaux gardes ont pris la relève cet après-midi. Ce sont des ordures. Quand ils reviennent des toilettes, ils se lavent les mains dans notre seau d'eau potable. Mais nous n'avons pas d'autres choix que de la boire. De toute façon, le seau sera bientôt vide.

Alors qu'il n'y a plus d'eau, les gardes s'amusent à siroter lentement des jus de fruits devant les enfants assoiffés. Ils jettent les briques vides par terre pour les énerver. Avec les autres femmes, nous avons beau les supplier de nous en donner, ils n'ont aucune compassion.

Les petits pleurent tout le temps, je vois bien qu'ils s'affaiblissent. Nous avons les yeux rougis à force de larmes et l'esprit torturé. Nous sommes à bout de forces. Nous pensons à nos sœurs, à nos cousines. Aux hommes de notre famille. Mon père, mes frères. Que sont-ils devenus ?

Cela fait deux jours que nous n'avons rien mangé. Ce soir, les gardes nous donnent un œuf et une pomme de terre bouillie. Nous les partageons entre les enfants. Vers minuit, les gardes s'en vont. Ils annoncent qu'ils ferment l'école à clé jusqu'à 6 heures du matin.

Quand tout le monde sommeille, j'enjambe tant bien que mal les corps endormis et je vais me cacher dans les sanitaires. J'ai gardé mon chargeur sur moi, enfoncé dans ma chaussure. J'ai repéré une prise dans les toilettes et je mets mon portable à charger. Je lutte contre le sommeil. J'ai trop peur que les gardes reviennent et me surprennent. Une fois que mon téléphone s'allume, j'appelle Azad en secret. C'est le seul de mes frères qui n'était pas à Sinjar quand Daech est arrivé. Je suis certaine qu'il est sain et sauf. Azad décroche immédiatement, fou de joie de m'entendre.

— Sara ! J'étais mort d'inquiétude ! Où es-tu ? Où est Shirin ? Comment va mon fils ? Cela fait trois semaines que j'essaie de savoir où vous êtes ! J'appelle partout !

Je retiens mes larmes.

— Ne t'inquiète pas Azad, nous sommes ensemble à Tal Afar, nous sommes prisonnières dans une école. Tu as des nouvelles de papa et de nos frères ?

Il hésite un instant.

— Rien Sara, aucune… je ne sais pas où ils sont… Comment vous allez ? Comment va Shirin ?

— Les enfants sont malades, nous n'avons rien à boire et à manger. Il faut que tu nous aides à sortir d'ici. Je te rappelle demain dans la nuit, quand les gardes seront partis.

*

Le lendemain, après la distribution d'eau, nous sommes dans un état de torpeur. Tout le monde somnole. Shirin murmure :

— Il doit y avoir des somnifères dans l'eau, j'ai des étourdissements. Même les enfants ne pleurent pas, c'est étrange.

— Tu as sûrement raison. Mais on n'a pas le choix, on est obligé de boire.

Dans la matinée, le jeune garde qui m'avait déjà aidée me prévient à voix basse :

— L'amir va revenir.

Mes sœurs et moi, qui sommes si coquettes d'habitude, nous nous enlaidissons le plus possible. Nous mettons des vieux habits usés que nous avions dans notre sac pour partir dans la montagne. Nous ne nous lavons pas depuis des jours, nos cheveux sont gras, nous nous ébouriffons les mèches les unes les autres pour ressembler à des sorcières. Et, avec les effluves fétides dans la pièce, l'amir ne devrait pas être trop excité.

Tôt ce matin, une femme de notre salle a réussi à se glisser quelques minutes hors de l'école. Elle était partie à la recherche d'un récipient où mettre l'eau. Nous lui avions demandé de rapporter aussi de la suie si elle en trouvait. Elle est revenue triomphante avec une poignée de charbon récupéré dans le four à pain d'une maison voisine. Nous nous passons de la suie sur la figure pour avoir l'air encore plus repoussantes. Je me perce le visage avec l'aiguille d'une épingle pour avoir la peau abîmée. Des gouttes de sang perlent sur mes joues et ma peau gonfle.

L'amir arrive, avec ses gardes du corps, afin de choisir de nouvelles proies. Il passe de pièce en pièce, il nous demande d'enlever nos voiles et si nous n'obéissons pas assez vite, les arrache. Il nous inspecte une par une. Par chance il reçoit un appel urgent à ce moment-là. Il quitte la pièce en vitesse et ne choisit personne dans notre salle cette fois-ci.

Le soir, à nouveau cachée dans les toilettes, j'arrive à joindre mon oncle Raman, réfugié à Dohuk avec ma sœur Dalya et leurs enfants. C'est eux qui avaient fui pendant la nuit avec tous les habitants d'Hatamia. Je me dis qu'ils nous sont bien redevables à présent. J'explique à Raman que nous allons mourir de faim, il faut absolument qu'il trouve un moyen de nous sortir de là. Raman réfléchit :

— Vous pouvez essayer de fuir ?

— Oui, on peut sans doute sortir de l'école, mais le quartier est plein d'hommes de Daech.

— Je vais voir ce que je peux faire. Je te promets, Sara, que je vais faire mon possible. Il y a quelqu'un à Tal Afar qui pourrait vous aider.

Le lendemain matin, un garde vient me chercher :

— Sara, c'est toi ? Un homme est venu te voir.

Je l'accompagne à l'entrée, très inquiète. Et si c'était encore l'amir ? Mais, près de la porte, je trouve un vieux monsieur élégant, à la barbe blanche bien taillée, les bras remplis de sacs. Son visage me dit quelque chose, je suis certaine de l'avoir déjà vu. Il me salue poliment et murmure :

— Je suis le parrain musulman de Raman, j'habite à Mossoul. Raman m'a prévenu de votre situation et j'ai apporté des provisions pour vous, des paquets de biscuits et des briques de jus de fruits.

Il ajoute un ton plus bas :

— Je peux t'apporter de l'eau et des vêtements si vous avez besoin, mais je ne peux pas vous faire sortir d'ici, je suis désolé. C'est impossible de négocier avec les gens de Daech pour le moment.

— Merci déjà pour tout cela, vous nous sauvez la vie ! Les enfants sont très malades.

Une fois qu'il est parti, je retourne dans la salle toute contente avec mes provisions. Je partage notre stock avec les enfants des autres familles. Mais le garde revient me voir, agressif :

— Comment cet homme savait-il que vous aviez faim ? Qui l'a prévenu ? Tu as un portable ?

— Non pas du tout !

— Lève-toi !

Il appelle ses collègues. Je cache en vitesse mon téléphone dans la couche d'Aran. Je prends le petit dans mes bras. Les gardes lancent une fouille de toutes nos affaires, vident nos sacs sur le sol. L'un d'eux crie :

— Cherchez dans les couches des bébés !

En catastrophe, je sors discrètement le téléphone de la couche et je le glisse dans une galette de pain roulée. Les gardes ne trouvent rien. En désespoir de cause, l'un me crie :

— Il est où alors, ce téléphone ?

Dans un sursaut, j'arrache mon voile et je lui montre mes cheveux.

— Regarde, je n'ai rien sur moi !

Il a un mouvement de recul :

— Ne fais pas ça, ne me montre pas tes cheveux ! C'est interdit par la religion !

Ils repartent bredouilles. Nous avons eu chaud. Mes sœurs me jettent un regard anxieux. Je leur fais signe que le portable est dans le sac de provisions.

*

Peu après, alors que j'ai emmené Awar aux toilettes, j'entends une rumeur dans l'école : l'amir revient. Je regarde Awar les yeux dans les yeux, je lui dis :

— Tu te rappelles, si quelqu'un demande qui je suis, tu m'appelles maman d'accord ?

Je lui répète encore et encore.

Entendant la voix autoritaire de l'amir qui parle à ses gardes, je décide de m'enfermer dans les toilettes avec le petit. Il ne viendra sans doute pas fouiner ici. J'attends que les éclats de voix s'éloignent.

Quand je reviens dans la salle, Shirin tremble de tous ses membres. Mes sœurs essaient de la réconforter.

— Qu'est-ce qu'il s'est passé ?

Elle murmure :

— L'amir m'a repérée. Il a voulu m'emmener. J'ai crié et mon bébé s'est mis à pleurer très fort. Ça a énervé l'amir, il a pris une autre femme.

Je suis affolée. Shirin l'a échappé belle. Mais que se passera-t-il la prochaine fois ? Si jamais l'amir veut à nouveau l'emmener, elle ou une autre de la famille, nous serons impuissantes. Malgré la lassitude, la fatigue, l'angoisse, j'ai encore au fond de moi l'envie de lutter. Je propose :

— On pourrait peut-être attaquer les gardes cette nuit avant qu'ils partent, nous sommes quarante dans cette pièce, donc bien plus nombreuses qu'eux.

— Mais une fois dehors, ils vont nous attraper…, murmure Zayele.

Nous observons par la fenêtre. Elle a raison. Des groupes d'hommes armés patrouillent les rues, ils sont partout. Cela fait maintenant quatorze jours que nous sommes enfermées dans cette école, et nous ne savons pas combien de temps cela va encore durer.

À notre arrivée, les gardes nous avaient avertis qu'une femme médecin allait faire des tests de virginité pour démasquer celles qui prétendaient être mariées alors qu'elles étaient célibataires. J'étais terrifiée. Heureusement, elle n'est pas venue. Mais de toute façon, maintenant, cela n'a plus d'importance. Ils prennent même les femmes mariées pour se satisfaire.

Je murmure :

— Notre tour à chacune viendra. Il faut qu'on trouve un moyen de fuir.

Je réfléchis toute la nuit. Je tente de rappeler mon frère mais il ne répond pas. Le lendemain, les gardes nous informent que nous allons quitter les lieux. Ils passent de salle en salle :

— Préparez-vous ! Les bus arrivent !

Avec les autres prisonnières, nous répliquons :

— Non, nous ne bougerons pas ! On ne veut pas partir…

Nous ne savons pas ce qu'il va arriver. Il paraît que des filles ont été envoyées en Syrie. Ma sœur Zayele demande :

— Est-ce que nous allons rejoindre nos hommes ?

Les gardes ne répondent pas, mais distribuent des coups de tuyaux en plastique :

— Allez, dépêchez-vous !

Je reçois un coup dans le dos. Je prépare en vitesse un sac avec du lait et les habits sales des enfants. Dehors, les gardes nous font monter dans un grand bus très moderne, avec la climatisation. Nous sommes tellement bien au frais sur nos sièges, après la fournaise de l'école, que nous n'avons même plus envie de sortir. Un répit de courte durée.

L'histoire de Myriam

Le cruel Babour

Quand les hommes en noir l'ont ramenée une nuit à Kocho, la petite Myriam ne leur a rien dit, mais elle a immédiatement reconnu la maison où on l'enfermait. C'était celle de son oncle, le père de Sara. La maison où elle venait jouer aux cartes avec ses cousines, où elle passait des après-midi avec Yasmine à se raconter des histoires dans le jardin.

À Mossoul, Myriam a été choisie par un nouveau maître. Elle a été enregistrée à la cour de justice en tant que propriété personnelle de l'amir Abou Takar. C'est un homme de la tribu de Metawata. Elle lui appartient désormais, en tant que butin de guerre. Pourtant, après la signature des papiers, Myriam a été renvoyée à Kocho.

Sa mère Hawin était détenue ici au village, et elle est parvenue à s'échapper avec d'autres prisonnières grâce à l'aide de voisins musulmans. Les hommes de Daech se sont alors juré de mettre la main sur les

« traîtres » qui secourraient les femmes yézidies. Ils ont décidé d'utiliser Myriam comme appât, pensant que les mêmes complices arabes allaient sans doute aider la jeune fille une fois celle-ci détenue à Kocho.

En entrant dans la maison de Sara, Myriam a eu un choc : tout était sens dessus dessous, les placards avaient été fouillés, les affaires gisaient en vrac sur le sol.

Myriam se met à pleurer en pensant à tous les souvenirs qu'elle a ici. Elle entend encore les rires de ses cousines résonner, elle se remémore les fêtes de famille célébrées dans le salon…

Elle n'arrive pas à croire que son destin a pu basculer dans un tel cauchemar en quelques semaines. Elle songe à sa vie d'avant. Tous les matins, elle enfilait son uniforme et prenait le bus pour aller à l'école. Myriam rêvait de devenir médecin. C'était une très bonne élève. En juin, elle avait eu les meilleures notes de sa classe aux examens. Cette année, il n'y aura pas de rentrée scolaire.

À présent, elle est dans cette nouvelle prison en compagnie de trois autres jeunes filles, elles ont 20, 18 et 14 ans. Elles dorment toutes ensemble dans une chambre au deuxième étage. Myriam reste la plupart du temps cloîtrée en haut avec elles. Elle entend le son de la télévision allumée dans le salon. Ses geôliers regardent des émissions sur le Coran. Ils sont très religieux et font leurs prières cinq fois par jour. Ce sont des Arabes qui viennent d'un village voisin de Kocho. Ils ont une trentaine d'années. Tous les matins, ils apportent des sacs de provisions, du riz, de la farine et quelques légumes. Ils demandent aux filles de préparer les repas et de faire le ménage. Ils dorment au rez-de-chaussée, afin de les dissuader de s'enfuir pendant la nuit.

Le nouveau chef de Kocho s'appelle Babour. Il porte une barbe en touffes éparses, ses gros sourcils sont surmontés d'un crâne chauve. Il se rase la moustache, comme les musulmans très pieux, et porte une longue tunique noire. C'est un yézidi converti à l'islam. À une certaine époque, quand Saddam Hussein était encore au pouvoir, Babour fréquentait les prostituées dans les bordels de Mossoul. C'était un joueur de poker, un assidu des tripots. Un gros buveur aussi. Il devait de l'argent à tout le monde, il était endetté jusqu'au cou. Il eut alors l'idée de se convertir à l'islam, afin de couper les ponts avec sa communauté. Installé à Mossoul, il s'est rallié au calife cette année quand les djihadistes ont pris la ville.

Babour est à présent chargé de gérer le village pour le compte de Daech. Quand Kocho était assiégé, Babour n'a pas hésité à trahir sa propre famille restée sur place. Il a dit à ses parents : « Ne vous inquiétez pas, cela ne sert à rien de fuir, je suis avec Daech, il ne vous arrivera rien. » Mais ils ont été faits prisonniers comme les autres.

Puis, comme Babour connaissait tous les habitants du village, il a supervisé en partie le « tri » des femmes. Il dénonçait les filles qui prétendaient être mariées. Il prévenait les combattants de Daech : « Celle-là, je la connais, c'est une vierge, elle n'est pas mariée. »

Les compagnes d'infortune de Myriam lui racontent les péripéties des derniers jours, elles ont entendu les gardes discuter entre eux. Avec ses hommes, Babour a rattrapé trois filles yézidies qui s'étaient échappées durant la nuit. Pour les punir, il les a données à ses hommes :

— Vous n'avez qu'à les prendre pour vous, ces vauriennes, ça leur apprendra à s'enfuir !

Les malheureuses ont fait semblant d'être malades pour ne pas qu'on les touche. Mais elles n'ont pas échappé à leur sort. Elles sont logées dans une maison voisine.

Babour est un homme fourbe et manipulateur. Il se fait passer pour un intermédiaire. Il a ainsi berné la famille d'une jeune femme en captivité à Mossoul. Il a promis de la faire libérer, et ses parents lui ont donné le numéro du portable que leur fille cachait dans sa prison. Lorsque Babour l'a contactée, elle lui a révélé qu'elle avait caché de l'or et des bijoux sur le toit de sa maison avant de partir. Babour a récupéré le butin. Puis il a dénoncé la jeune femme. Elle a été presque battue à mort. Bien évidemment, elle n'a jamais été libérée.

À présent, Babour a pour mission de mettre la main sur les Arabes de la région qui aident les yézidis à fuir. Il tente de piéger la famille de Myriam. Un soir, devant elle, il contacte l'oncle Raman et lui annonce :

— J'ai racheté Myriam à un Arabe pour la somme de 3 000 dollars. Si tu me rembourses, la petite est à toi !

Raman répond, dubitatif :

— Comment est-ce que je peux être sûr de ce que tu dis ? Passe-moi Myriam au téléphone.

— Très bien !

En voyant l'expression de haine sur le visage de la petite, Babour comprend soudain que Myriam va sans doute dévoiler le pot aux roses à son oncle. Il fait venir une autre fille et lui pose son arme sur la tempe. Il ordonne :

— Dis : « Mon oncle, je suis Myriam, envoie quelqu'un me chercher ! »

La fillette, terrorisée, s'exécute.

Raman tombe dans le panneau. Persuadé qu'il va enfin pouvoir récupérer Myriam, il déclare :

— Très bien Babour, marché conclu. Où peut-on se rencontrer ?

— Près de l'aéroport abandonné. Viens maintenant.

Raman est tout de même un peu inquiet :

— C'est déjà la nuit, ce n'est pas prudent de prendre la route à cette heure-ci.

Babour lui assure :

— Myriam est en route, elle est déjà montée dans un pick-up rouge. Viens la chercher avec l'argent.

— D'accord. Mais je ne vais pas venir moi-même, je vais envoyer deux amis avec la rançon.

— Très bien. Je les attends.

Il raccroche.

Raman prévient immédiatement deux Arabes d'une tribu du Sinjar, une tribu qui a de bonnes relations avec les yézidis. Ils acceptent de partir de nuit récupérer Myriam. En tant que musulmans, ils peuvent circuler aisément dans la région et sont plus en sécurité.

Quand les deux garçons arrivent au lieu de rendez-vous, ils reconnaissent Babour dans une voiture, avec une femme à l'arrière, voilée de noir de la tête aux pieds. Mis en confiance, ils sortent de leur véhicule. Babour les menace alors avec son arme, les ligote et les jette à l'arrière de son pick-up. La fille dans la voiture n'était même pas Myriam.

Le quartier général de Babour est une maison toute neuve, en céramique et en marbre, un peu à l'écart du village. Celle d'Azad, qu'il avait fait construire pour Shirin. Babour a fait murer les fenêtres d'une des chambres pour la transformer en cellule. Il y a enfermé quelque temps un ancien officier arabe de l'armée irakienne, avant de le faire exécuter.

Les deux garçons envoyés par Raman sont torturés par Babour. Le plus jeune, âgé de 16 ans, est battu violemment avant d'être finalement libéré. Mais l'aîné est toujours prisonnier. Lors de l'interrogatoire, il a tenté de convaincre ses tortionnaires qu'il n'avait jamais aidé de yézidis auparavant. Il leur a dit :

— Mon père lui-même était djihadiste ! Il se battait contre les Américains et le gouvernement d'al-Maliki !

14

Une barre de fer

Les bus s'arrêtent au bout de dix minutes. Nous sommes dans un village désert dont nous ne savons pas le nom, dans les faubourgs de la ville.

Les gardes nous font descendre :

— Allez ! Dehors ! Mettez-vous dans les maisons que vous voulez !

Nous errons, les enfants auprès de nous. Avec mes sœurs, en descendant du bus, nous avons proposé à deux autres femmes de se joindre à notre petit groupe. Pour se protéger, autant être nombreuses. Ce sont aussi des femmes de Kocho, des cousines éloignées.

Les gardes nous ont promis qu'ils nous apporteraient à manger une fois installées. Nous devons trouver un toit. Devant nous, il y a une maison en mauvais état. À côté s'élève une demeure toute neuve, mais elle est déjà occupée. Dans l'urgence, je me dis que la vieille bicoque fera l'affaire. Et que de toute façon nous n'y ferons pas long feu. Nous trouverons un moyen de nous évader.

Je pousse la porte d'entrée. Elle ne ferme pas, il n'en reste qu'un seul pan. Heureusement, l'intérieur n'a pas été pillé. Il y a des matelas, des tapis. Une cuisine avec des casseroles, un fourneau. Trois pièces en tout, mais pas d'électricité. Au mur d'une des chambres est accrochée la photo d'un homme âgé. D'après sa tenue vestimentaire, et le nom inscrit sous le portrait, c'est un chiite. Il a dû partir précipitamment avec sa famille à l'arrivée des troupes du Califat.

Le soir même, un combattant de Daech, son arme en bandoulière, nous rend visite. Il nous annonce :

— Je vais vous faire des badges pour la nourriture. Cela vous donnera droit à des rations quotidiennes.

C'est un jeune homme nerveux et agité. Il me regarde du coin de l'œil et me demande :

— Tu es mariée ?

— Oui, j'ai un fils

Je lui montre Awar qui joue sur le sol avec une bouteille en plastique.

— Quel est le nom du père de ton enfant ?

Je tressaille.

— Daoud ! Mon mari s'appelle Daoud.

Le garde me tend le badge et repart.

*

Nous sommes au total treize femmes et dix-sept enfants dans la maison. Les premiers jours, une routine se met en place. Chaque famille a sa propre chambre pour dormir, mais nous prenons nos repas ensemble. Les hommes de Daech passent tous les matins en voiture. Ils klaxonnent et je sors chercher les provisions. Le menu est toujours aussi infect : du riz moisi, du beurre rance, de la farine pleine de charançons, des œufs pourris, parfois du lait. Ils nous donnent aussi des bonbonnes d'eau qui suffisent à peine à désaltérer tout le monde. Parfois, les enfants rechignent devant leur assiette. Ils veulent manger de la viande et des sucreries. Cela ne dure pas. Ils savent que réclamer ne sert à rien.

Avec les autres femmes, nous passons les journées à pleurer en nous demandant ce qui est arrivé au reste de notre famille. Je suis si inquiète pour ma petite sœur Yasmine et ma cousine Seve, après avoir vu ce que les monstres de Daech faisaient subir aux filles.

Nous restons cloîtrés à l'intérieur, n'osant pas visiter les prisonnières des autres maisons. Il y a des hommes armés qui patrouillent, des jeunes avec des barbes soigneusement taillées. L'un d'eux boitille. Nous avons repéré leurs visages maintenant. Ils portent des tenues militaires ou bien ces tuniques courtes qui s'arrêtent aux genoux comme des jupes, que nous trouvons toujours aussi ridicules car personne ne porte cela en Irak.

Le matin, nous autorisons les enfants à sortir dans la petite cour adjacente. Ils ont besoin de jouer.

Mais, dès qu'ils entendent le bruit d'une voiture, ils rentrent en courant se cacher dans nos bras.

*

Ce midi, pendant la sieste, nous sommes réveillées en sursaut. Quelqu'un donne de violents coups dans la porte. C'est un homme de Daech. L'entrée de notre chambre est fermée avec un verrou. Il va la démolir. Il hurle en arabe :

— Ouvrez !

Les enfants se mettent à pleurer. J'ai tellement peur que je n'ose pas me lever pour obéir. Il tire sur la porte avec son arme puis l'achève d'un coup de pied. Il apparaît comme une vision de cauchemar. C'est un jeune aux yeux fous, accompagné de six combattants. Certains ont une mitraillette à la main, d'autres des pistolets dans un étui, des armes très modernes.

Assises sur le sol, les enfants blottis dans nos bras, nous mettons précipitamment nos foulards sur nos cheveux. Nous ne nous attendions pas à une visite. Les hommes nous inspectent une par une, ils arrachent nos voiles. Leur chef me demande :

— Quel est ton nom ?

— Sara…

— Tu as quel âge ?

— J'ai 40 ans !

— Montre-moi tes mains !

Je m'exécute. Il s'étonne :

— Mais tu n'as pas de rides sur les mains !

Je réplique :

— Je viens d'une famille aisée, c'est pour ça que je n'ai pas les mains abîmées. Je ne travaille pas dans les champs.

L'homme grimace :

— De toute façon, vous êtes repoussantes. Quelle saleté ! Vous ne changez donc jamais de vêtements ?

Avec ses acolytes, il retourne toutes les affaires. En les entendant discuter, je comprends qu'ils cherchent des téléphones portables dissimulés. Finalement, le chef tourne les talons et repart vers la porte. Je prends une profonde inspiration et je lui demande :

— Est-ce que vous savez où sont les hommes de notre village ?

Il répond, méprisant :

— Ce n'est pas nous qui les avons, c'est un autre groupe. Nous ne savons pas où ils sont gardés…

Ils quittent la pièce en donnant un dernier coup de pied dans la porte.

Quelques minutes plus tard, ils frappent à la maison d'à côté. Peu après, des hurlements retentissent. Je les observe en cachette par la fenêtre. Ils traînent une jeune femme par les cheveux. Elle pleure et se débat, mais elle est emmenée avec son enfant. Une autre, plus âgée, sort de la maison, elle supplie les hommes :

— Vous m'avez déjà pris ma fille, laissez-moi ma belle-fille ! Pour l'amour de Dieu !

Un homme revient sur ses pas, une barre de fer à la main. Et la frappe plusieurs fois sur la tête. Nous entendons le bruit atroce des coups sur son crâne. Elle se recroqueville sur le sol, ensanglantée.

L'histoire de Myriam

Une fuite éperdue

Un jour, en rangeant la cuisine, Myriam fait une découverte. Une carte Sim cachée au fond d'une tasse rangée dans le buffet. En réfléchissant, elle trouve un moyen de l'utiliser. Les gardes ont donné aux filles un portable sans carte, avec une application pour apprendre à réciter du Coran, qui se trouve dans la cuisine.

Le soir-même, elle le glisse dans sa poche avant de monter à l'étage. Une fois tout le monde endormi, elle se cache dans les toilettes, et glisse la carte Sim dans l'appareil. Elle découvre avec joie que tous les numéros de sa famille sont dans les données. Cette carte Sim a dû être cachée par l'un de ses cousins avant le départ.

Myriam appelle son oncle Raman. Elle lui explique qu'elle est enfermée dans la maison de Sara à Kocho. L'oncle contacte sur-le-champ un homme de confiance dans la région. Ce dernier promet d'aller récupérer Myriam et ses amies dès qu'elles auront l'occasion de s'évader. En retournant se coucher, Myriam se sent fébrile.

Elle ne ferme pas l'œil de la nuit. Au petit matin, alors que les gardes sommeillent encore, elle retourne, tremblante, rallumer le portable dans les toilettes. Elle a reçu un SMS. Les filles doivent s'enfuir ce soir, l'homme leur a donné un lieu de rendez-vous où il viendra les chercher.

De retour dans la chambre, elle réveille doucement les autres jeunes filles. Elle leur explique le plan à voix basse. Il faut tenter le tout pour le tout. Les petites prisonnières sautent de joie. Mais, d'abord, il convient de neutraliser les deux hommes.

En fouillant dans le placard à pharmacie de la maison, Myriam découvre des médicaments. Elle cache des plaquettes de gélules dans ses poches et, à l'heure de préparer le dîner dans la cuisine, vide la poudre des pilules dans une soupe. Elle mélange patiemment sa potion. Elle ne sait pas trop ce qu'il y a dedans mais espère bien que cela assommera ses geôliers.

Elle leur apporte le repas dans le salon en faisant mine de rien. Un quart d'heure plus tard, de retour à la cuisine, elle laisse couler l'eau de l'évier. Ils s'imagineront que les jeunes filles font la vaisselle. Elle allume aussi les fichiers sons du portable, qu'elle a remis sur le frigo. Les récitations du Coran couvriront le bruit de leur fuite. L'entrée principale de la maison est inaccessible, les gardes dînent dans le salon. Mais il y a une porte arrière près de la cuisine, qui n'est pas verrouillée.

Les quatre jeunes filles, le cœur battant, se glissent dehors et disparaissent dans la nuit. Armées d'un couteau de cuisine, elles tentent d'abord de crever les pneus de la voiture des gardes. Mais l'ustensile n'est pas assez tranchant. Elles ne doivent pas perdre de temps. Autant partir tout de suite.

Elles courent à perdre haleine le long de la route, à la lumière de la lune. Bientôt des phares sautillent à l'horizon. Le pick-up de leurs gardes apparaît. Elles se jettent au creux d'un fossé au bout d'un champ. Aplaties sur le sol, elles sont invisibles dans la nuit. Une odeur de mort leur soulève le cœur. Des cadavres en décomposition gisent à proximité.

La voiture passe et repasse. Au bout d'une demi-heure, les hommes regagnent la maison, bredouilles. Myriam et ses amies se relèvent et poursuivent leur chemin. Elles arrivent à proximité d'un village arabe. Le lieu de rendez-vous. Le passeur vient les chercher en voiture, il les emmène dans sa maison où elles devront rester la nuit.

Lorsqu'elles entrent, la femme et la mère du passeur se mettent dans une colère noire. Elles s'imaginent qu'il a récupéré les jeunes filles pour son plaisir, comme d'autres Arabes de la région. Le passeur leur explique la situation. Rassérénées, la mère et la femme embrassent alors les petites et leur préparent à manger. Plus tard, comme des visiteurs entrent dans la maison, les jeunes yézidies doivent rester cachées sans bruit dans une chambre.

La nuit suivante, le passeur conduit les jeunes filles dans un autre village, sur la route des montagnes. Là-bas, elles seront prises en charge par les résistants yézidis.

L'homme les dépose et leur donne une lampe torche :

— Vous n'avez plus qu'à grimper. Bonne chance !

Il prévient la milice yézidie, qui récupère les fugitives quelques kilomètres plus loin. Elles sont ensuite envoyées à Dohuk en hélicoptère.

C'est Azad, le frère de Sara, qui vient chercher Myriam à l'aéroport. Il la serre dans ses bras à l'étouffer, Myriam ne parvient pas à retenir ses larmes. Azad emmène aussi l'adolescente de 14 ans qui n'a personne pour la recevoir. Toute sa famille a disparu. Il contacte un oncle éloigné qui pourra prendre soin d'elle. En attendant, elle restera avec eux.

À présent, Azad doit s'acquitter de sa dette. Il a promis de payer la somme de 14 000 dollars au passeur qui a conduit les filles jusqu'à la route de la montagne. L'homme demande que le transfert d'argent soit envoyé au nom d'un ami de la famille pour brouiller les pistes. S'il est découvert, il risque d'être durement puni.

Myriam n'en revient pas :

— Tu as emprunté 14 000 dollars ! Mais comment vas-tu les rembourser ?

Azad répond :

— Ne t'en fais pas, le plus important c'est que vous soyez libérées. De toute façon, les Arabes qui aident les yézidis le font pour l'argent, pas par compassion. Tout le monde en Irak s'en fiche bien de ce qui nous arrive. Regarde, personne n'a manifesté à Bagdad ou ailleurs pour dénoncer les crimes contre les yézidis ! Aucun mollah n'a dit que c'était interdit par la religion !

15

Un rêve étrange

Trois jours plus tard, un autre groupe débarque dans le village. Six véhicules se garent, des Jeep, un van et un véhicule militaire. Un homme qui semble être un amir descend le premier. Il porte un uniforme militaire, un turban et des lunettes noires ; il est effrayant. Une quinzaine de soldats l'accompagne.

Je vois par la fenêtre qu'il envoie ses gardes passer de maison en maison. L'un d'eux entre chez nous. Il ordonne :

— Allez immédiatement dans l'école du village, nous allons fouiller les maisons ! Dépêchez-vous !

En catastrophe, je glisse mon téléphone derrière le réfrigérateur. Les autres femmes, paniquées, cherchent aussi des cachettes. Une patrouille s'approche, nous voyons leurs silhouettes par la fenêtre. Je crie :

— Vite ! Ils arrivent !

Nous sortons précipitamment. Les gardes pénètrent dans la maison, ils vérifient que personne n'est resté à l'intérieur. Avec mes sœurs et leurs enfants, nous suivons les groupes de prisonnières qui marchent devant nous. Nous arrivons devant une école primaire.

Des hommes armés nous poussent dans la cour. Une centaine de femmes et d'enfants sont alignés en rang. Je comprends soudain que nous sommes prises au piège… Les hommes ne sont pas venus seulement pour fouiller les maisons. Ils viennent à nouveau faire leur marché.

L'amir s'avance dans la cour et dévisage chaque femme une par une. Il pointe son arme vers une jeune mère qui porte un bébé dans les bras.

— Toi ! Tu vas dans le pick-up.

L'amir poursuit son inspection. Il s'approche de nous. Je me pétrifie. Je regarde mes pieds en serrant le petit Awar dans mes bras. L'amir s'arrête devant ma sœur Nadia, figée à ma droite. Elle tient la main de Gule, une de nos petites-cousines âgée de 10 ans. À Kocho, sa mère, malade, ne pouvait s'en occuper et la petite était restée avec nous. Depuis le début de notre détention, Nadia la fait passer pour sa propre fille.

L'amir dévisage ma sœur avec intérêt :

— Toi aussi ! Monte dans le van avec ta fille !

Nadia nous regarde, terrifiée, n'ose même pas protester. Gule se retourne vers moi, les yeux remplis de larmes. Pourvu que ces ordures ne la touchent pas. À Mossoul, ils emmenaient des fillettes de son âge pour les violer. Je prie pour qu'ils l'épargnent.

Au bout d'une demi-heure, l'amir a fini son marché. Il repart dans sa Jeep, suivi par le van où s'entassent une quinzaine de femmes avec leurs enfants. Après son départ, nous retournons dans notre maison, effondrées. Les affaires de Nadia et de Gule gisent dans la pièce, comme s'il ne s'était rien passé.

*

Il faut que je prévienne Azad. En glissant ma main derrière le réfrigérateur, je retrouve mon téléphone dans sa cachette. Quel soulagement ! Mais j'ai beau composer le numéro de mon frère, la ligne ne passe pas. Le réseau semble coupé.

J'arrive finalement à le contacter à la tombée de la nuit. Je lui raconte notre journée de cauchemar. Azad est atterré. Il promet qu'il va trouver un moyen de nous sortir de là.

Voilà quelques semaines déjà, Azad m'avait donné le numéro de Sarbast. C'est un membre des milices yézidies du Sinjar. Dans la montagne, un groupe combat Daech et aide les prisonniers à s'échapper. Ils sont en contact avec un réseau de passeurs. J'appelle Sarbast désespérée. Il m'encourage à fuir au plus vite. Il me donnera des indications sur le chemin à prendre pour rejoindre la montagne.

Ce soir-là, je prends ma décision. Une fois que les enfants sont endormis, j'annonce à mes belles-sœurs :

— Nous allons partir. On ne peut pas rester ici.

Shirin ouvre de grands yeux :

— C'est de la folie, Sara !

— Il faut essayer. La prochaine fois, c'est nous qu'ils emmèneront, vous le savez bien ! Est-ce que vous voulez être la proie de ces monstres ?

Elles soupirent. Shirin me lance un regard inquiet :

— D'accord, Sara, mais il faut un plan.

Le lendemain, j'entreprends un repérage des environs. Je monte sur le toit terrasse, j'étends du linge pour ne pas que cela paraisse incongru et j'en profite pour scruter les alentours. Les maisons ocre aux toits plats s'élèvent autour de la rue principale. Autant de prisons où sont enfermées les femmes. Les potagers à l'abandon sont envahis d'herbes folles. Il n'y a personne dehors, dans la poussière du matin. Seuls les chiens errants qui se promènent en quête de nourriture. J'appelle Sarbast, accroupie derrière un drap.

— Est-ce que tu peux envoyer quelqu'un nous récupérer ?

— Une fois que vous serez sorties du village, je viendrai vous chercher à un lieu de rendez-vous. Vois-tu de la fumée au loin ?

Je regarde à l'horizon et je découvre en effet un filet de fumée qui monte vers le ciel au nord.

— Oui, je l'ai repérée, qu'est-ce que c'est ?

— Une cimenterie. Tu vas sortir du village, ensuite il y aura encore deux autres villages à traverser, puis tu marcheras vers la cimenterie. Là-bas je viendrai vous chercher.

*

Je fais un rêve étrange cette nuit-là. Chaque soir, l'angoisse m'étreint tellement à la tombée du jour que je ne peux me résoudre à fermer les yeux. Mais, cette fois-ci, j'ai dormi profondément. Et, les yeux clos, dans mon rêve, je me suis retrouvée dans un ascenseur. Cet ascenseur n'arrêtait pas de tomber, il était aspiré par le vide, dans un puits obscur, sans fond. Puis, tout à coup, il est remonté. Il a filé vers le haut, vers la lumière. Vers une issue.

En me réveillant, je sens encore cette sensation de vertige dans mon ventre. Je me dis que c'est un signe du ciel. Ce sera aujourd'hui. Nous allons fuir. Nous ne pouvons pas rester ici un jour de plus.

Je sais trop bien le sort qui m'attend. J'ai vu ces hommes ramener les jeunes filles en larmes dont ils s'étaient repus, les pauvres corps meurtris qu'ils avaient torturés, violentés. Pour eux, nous ne sommes pas des êtres humains, nous sommes des choses.

Tout le monde dort encore dans la maison. Je regarde le souffle paisible des enfants soulever leurs petits corps roulés dans les couvertures. Je vois Awar, mon neveu aux joues rondes de bébé. La jolie Aryan, 3 ans, aux traits si fins et aux grands yeux de biche. Ces enfants vont-ils grandir ici, dans le califat de Daech ? Que deviendront-ils… ? J'ai la nausée soudain.

Ce soir, nous partirons, c'est décidé. De toute façon, nous sommes déjà mortes. Autant essayer de fuir, même s'ils nous tuent en fin de compte au bout de chemin.

Le plus difficile sera de sortir du village. Il faut partir dans la bonne direction et éviter de se faire repérer. Quand nous nous sommes rendues à l'école, j'ai remarqué qu'au bout de la rue se trouvait une barricade de barbelés. Je fouille sans bruit dans la pièce du salon. Il doit bien y avoir des outils quelque part. Je finis par tomber sur un sécateur rouillé dans un tiroir. Cela devrait faire l'affaire.

Dans la cuisine, j'entends Shirin qui prépare le thé. Une fois que tout le monde est debout, attablé devant le petit-déjeuner, j'annonce :

— J'ai repéré les lieux. Nous partirons ce soir.

Mes belles-sœurs acquiescent, il n'y a pas d'autre choix. Mais une femme enceinte, qui loge dans la chambre à côté avec ses deux jeunes enfants, se montre réticente :

— Et s'ils nous capturent ?

— C'est un risque à prendre.

— De toute façon, je ne peux pas marcher vite avec mon gros ventre, et je ne peux pas porter mes deux enfants.

Une de ses cousines décide de rester avec elle, elle espère ainsi avoir plus de chance de revoir ses fils aînés :

— À Kocho, mes deux garçons sont partis avec leur père, j'espère encore les retrouver. Si je pars avec vous pour le Kurdistan, nous ne serons peut-être jamais réunis.

— C'est comme tu le souhaites. Nous, nous partons ce soir.

La nuit tombe. Je sens l'excitation qui monte, l'angoisse aussi. J'essaie de me persuader que j'ai pris la bonne décision.

16

La fumée

Il est 19 h 30, la nuit est tombée. Mes belles-sœurs et moi enfilons de longs manteaux noirs islamiques et des voiles que nous avons trouvés dans un placard de la maison. Nous préparons un sac avec du pain, de l'eau et du lait en poudre. Nous sommes en tout huit femmes et huit enfants à partir.

Par la fenêtre, nous observons le garde armé posté sur le toit terrasse d'une maison voisine. Nous ne sommes pas dans son champ de vision, il surveille l'entrée du village. Avant de fuir, nous prévenons bien les enfants :

— Il ne faut faire aucun bruit, c'est une question de vie ou de mort. Nous allons partir loin des méchants hommes. Mais si vous criez, ils vont nous entendre et nous attraper !

Même les plus petits semblent comprendre, personne ne pleurniche.

Le moment est venu. Nous sortons discrètement par la porte de derrière et nous marchons en silence jusqu'aux barbelés. Je les coupe avec la tenaille, j'écarte les fils de fer pour ouvrir un passage. Nous nous glissons à travers sans accrocher nos vastes robes. Tout à coup, des aboiements déchirent la nuit. Des chiens vont nous attaquer.

J'ai un moment de panique, je me dis que c'est fichu. Je ramasse des pierres avec les autres femmes et nous les jetons dans leur direction. Ils grondent mais ils abandonnent leur poursuite. Nous accélérons le pas, bien qu'il soit difficile d'avancer vite en portant les petits enfants.

Je me retourne. Nous avons quitté le village à présent. Nous longeons la route et nous arrivons dans une plaine déserte. Il n'y a aucune habitation au loin. Mais, au bout de quelques kilomètres, nous nous retrouvons devant un lac. Impossible de le contourner. Je pars en éclaireur. Je lance à mes belles-sœurs.

— Attendez sur le bord, je vais tester la profondeur !

Je plonge un pied dans l'eau, puis une jambe, j'avance lentement mais j'ai rapidement de l'eau jusqu'à la taille, aux épaules, au cou. Je parviens pourtant jusqu'à l'autre rive. Je retourne sur mes pas et je transporte les enfants un par un sur mes épaules de l'autre côté. Puis j'aide les femmes à traverser. Nous sommes toutes trempées, mais il nous faut continuer.

Nous marchons encore longtemps dans nos vêtements humides. Heureusement la nuit est tiède, et ils sèchent peu à peu. Soudain, nous nous retrouvons au bord d'une route. Une lueur de phare approche. Nous nous aplatissons en vitesse sur le sol. La voiture vrombit dans la nuit et poursuit sa route. Elle ne nous a pas vus. J'appelle Sarbast au téléphone.

— Nous avons traversé un lac, maintenant il y a une route.

— Tourne le dos à la lune et suis la direction de ton ombre.

À l'horizon, je vois maintenant la lumière de la cimenterie qui clignote, mais elle me semble bien loin. Sarbast continue de nous guider au téléphone. Il s'énerve :

— Dépêchez-vous ! Il est déjà 4 heures du matin, le soleil va se lever et vous serez fichues !

J'éteins mon portable en catastrophe pour conserver la batterie et nous marchons comme des damnées, en nous relayant pour porter les enfants. Ils semblent peser de plus en plus lourd. Pendant des heures interminables nous marchons. Nous sommes épuisées, les jambes douloureuses, les pieds couverts d'ampoules. Lors d'une pause, je me rends compte en rallumant mon portable que Sarbast nous a menti sur l'heure. Il n'était pas 4 heures du matin lors du dernier appel, il n'était que minuit. Il voulait juste nous faire marcher plus vite.

*

Aux premières lueurs du jour, nous arrivons enfin à proximité de la cimenterie. Sarbast m'a mise en garde, de nombreux combattants rôdent dans les parages. Nous traversons une dernière vallée, totalement exténuées. J'appelle Sarbast, au bord des larmes :

— Nous n'y arriverons jamais ! On avance trop lentement.

— Ne t'inquiète pas, la route de Sinjar est très proche. Cachez-vous toute la journée et reprenez des forces. Vous repartirez ce soir.

Nous nous effondrons dans un pré. Je recouvre les autres femmes de bottes de paille pour les cacher, puis je me couvre à mon tour. Je suis si lasse que je pourrais m'endormir immédiatement. Mais un instinct de survie me maintient en veille. Je dois rester aux aguets. Un chien aboie au loin. Deux motos passent sur la route. Heureusement, personne ne nous distingue sous nos abris. Il se met à pleuvoir.

Nous restons allongées jusqu'au soir, les enfants, fatigués par la nuit, se tiennent tranquilles. Nous partageons des morceaux de pain et des gorgées d'eau. Lorsque la lune se lève, nous nous remettons en route. Je rallume mon téléphone, je n'ai presque plus de batterie. Quand j'appelle Sarbast, c'est un autre homme qui répond.

— Bonjour Sara. Sarbast est allé se reposer. Je prends la relève. Où êtes-vous ?

Je lui indique notre position du mieux que je peux et il me donne de nouvelles instructions. Mais, au bout de deux heures, nous nous rendons compte qu'elles sont erronées. D'après les panneaux sur la route, nous sommes à nouveau à proximité de Tal Afar. Mon portable est sur le point de s'éteindre. Désespérée, je contacte Raman :

— Nous sommes revenues près de Tal Afar, nous n'avons plus d'eau, nous avons besoin de quelqu'un pour nous guider…

Mon téléphone rend l'âme avant même que je termine ma phrase.

17

Des chaussures pleines de sang

Au loin sur la montagne, des lumières s'allument. Ce sont certainement les hommes du groupe de Sarbast qui nous indiquent le chemin. Nous repartons alors dans le bon sens et approchons à nouveau de la cimenterie. Pour éviter les patrouilles, nous nous cachons dans une vallée. Il doit être aux alentours de minuit. La nuit est fraîche cette fois-ci.

À nouveau, la pluie se met à tomber, une pluie diluvienne et glacée. Nous grelottons sous le déluge d'eau. Shirin a l'idée de mettre les enfants sous nos jupes pour les protéger tant bien que mal. Des larmes de désespoir coulent sur mes joues, j'ai envie de hurler mais je n'ai même plus la force de faire une crise de nerfs. Nous sommes en train d'attraper la mort. Mes dents claquent, tous mes membres tremblent. Les heures s'écoulent, interminables.

*

La chaleur des premiers rayons du soleil le matin est une sensation de pur bonheur. Nous essorons nos vêtements et nous séchons au soleil. Nous n'avons plus aucune provision. Il doit être midi quand nous apercevons un jeune garçon arriver dans le pré avec son troupeau de moutons.

Nous lui faisons signe, il s'approche, curieux. C'est un garçon d'une douzaine d'années, aux cheveux hirsutes et vêtu d'habits usés. Je décide de lui dire la vérité :

— Nous nous sommes enfuies avec nos enfants, nous sommes perdues. Ne nous dénonce pas, je t'en prie ! Est-ce que tu aurais un bout de pain pour les petits ?

Il voit notre air misérable et les enfants épuisés dans nos bras. Il fouille dans sa besace et nous donne deux pommes de terre bouillies, deux tomates et deux morceaux de pain. Il accepte aussi de me prêter son téléphone, mais ma carte Sim ne rentre pas dedans. Il nous prévient :

— Il paraît que la milice yézidie a tué un berger qui collaborait avec Daech. Vous devriez rester cachées, les gens de Daech sont furieux, ils surveillent le coin, et ils sont équipés de très bonnes jumelles.

— Nous devons absolument rejoindre la montagne. Je t'en supplie, nous avons besoin d'aide. Peux-tu trouver quelqu'un qui nous accompagne ? Notre famille lui enverra de l'argent.

— Je vais prévenir mon père et mon oncle. Je vous promets au nom de Dieu que je ne vous dénoncerai pas.

Je lui donne 25 000 dinars, soit 20 dollars à peu près, que je gardais secrètement sur moi dans une poche, ainsi que deux bagues en or que Shirin avait cachées dans ses chaussettes. Le jeune berger refuse de les prendre. J'insiste :

— Prends-les en souvenir !

Il les glisse dans sa tunique et repart avec ses moutons. Shirin murmure, sceptique :

— Il ne reviendra pas…

Une demi-heure plus tard, deux hommes s'arrêtent en voiture sur le bord de la route. Ce sont le père et l'oncle du garçon. Ils nous préviennent :

— Vous ne pouvez pas monter dans la voiture ici, il y a des check-points de Daech sur la route. Marchez dans la vallée pendant une demi-heure et gardez la tête basse. De l'autre côté, vous aurez passé la cimenterie. Nous vous récupérerons là-bas. Nous allons charger l'arrière du pick-up de paille pour vous cacher.

Malgré nos pieds en miette et nos jambes ankylosées, nous avançons encore jusqu'à l'autre côté de la vallée. Pas très rassurées. Et si c'était un piège ? Le pick-up est là, garé au loin. Ils nous attendent. Nous montons à l'arrière, nous nous allongeons avec les enfants et les hommes nous recouvrent de foin. Dix minutes plus tard, ils nous déposent dans un bosquet au pied de la montagne.

— Vous devrez attendre là jusqu'à la nuit tombée.

Une fois encore, je me dis qu'ils ne reviendront pas.

Ils arrivent pourtant, à pied cette fois-ci. Ils nous rapportent de l'eau, des biscuits, du pain. Le père ordonne :

— Ne laissez rien derrière vous. Aucune trace !

Une fois que les enfants sont rassasiés, nous dévorons le reste des provisions. Puis nos passeurs contactent les hommes de la montagne :

— Nous avons des yézidies avec nous, préparez-vous à les recevoir !

Une nouvelle marche commence. Cette fois-ci, il faut grimper dans la montagne. Nos guides sont très nerveux. Ils risquent leur vie. Très vite, nous nous rendons compte qu'ils ne connaissent pas le chemin. Ils contactent la milice yézidie :

— Vous pouvez nous guider ? Nous sommes perdus.

Après de longues heures, nous n'avons presque plus d'eau. Les enfants pleurent, et nous leur distribuons une gorgée chacun. Le terrain est accidenté. Nous montons et nous descendons. Je commence à perdre espoir. Les passeurs reçoivent un appel :

— Vous devez continuer à monter !

Je suis épuisée, un mal de crâne me tenaille le cerveau et je me mets à vomir. Je ne peux plus marcher. Je m'écroule sur le sol. En enlevant mes chaussures pour soulager mes pieds, je découvre que mes ongles sont en sang, ils se sont décollés.

Les autres femmes s'assoient aussi, exténuées. Nos guides s'énervent :

— Nous ne pouvons pas rester avec vous quand le jour va se lever ! Soit vous marchez, soit on va vous abandonner. Si nos voisins nous voient, ils préviendront Daech et ils nous tueront !

Je souffle :

— Non je vous en supplie, nous allons continuer !

Je remets mes chaussures poisseuses de sang sur mes pieds tordus de douleur. Les passeurs nous aident à porter les enfants. À 4 heures du matin, une lumière apparaît au loin, sans doute un village. Berivan et trois autres membres de notre famille sont partis en avant. Mais Shirin, Sinem et moi nous sommes à la traîne, nous n'avons plus aucune force. Nous nous effondrons comme des masses sur le sol.

*

Nous sommes incapables de bouger. Nous émergeons seulement au lever du soleil. Je me rends compte que nous sommes seuls. Nous n'avons plus d'eau. Je sens que mes lèvres sont desséchées comme du carton. Il faut retrouver les autres. Nous nous levons avec peine, et nous recommençons à marcher. Mes pieds me torturent.

Mais dans quelle direction partir ? Nous continuons au hasard. Au bout d'une heure, nous voyons de la fumée au loin. Nous sommes à nouveau à proximité de la cimenterie. Shirin se met à pleurer. Farhad me regarde, au bord des larmes. Je suis complètement anéantie. Je murmure :

— Nous n'avons plus qu'à nous rendre à Daech.

— Ah non ! Ça jamais ! s'écrie le petit Farhad. On continue !

Nous inspectons les environs. Dans une vallée toute proche, nous apercevons un tracteur et une voiture. Farhad s'exclame :

— Il y a peut-être une bouteille d'eau à l'intérieur ?

Nous fouillons la voiture. Elle est vide. Mais nous avons si soif que nous buvons par gorgées l'eau croupie du radiateur. En contrebas, il y a des toits de maisons. Nous atteignons un village yézidi déserté. Les habitants ont dû fuir dans les montagnes début août. Ou bien ils sont morts. Une odeur de putréfaction plane dans les airs. Nous apercevons des corps derrière une étable.

Je pousse le portail en fer d'une maison. Dans la cuisine, je découvre une jarre avec de l'eau. Elle est verdâtre et elle a un goût de vomi, mais nous la buvons quand même.

Soudain, des coups de feu résonnent. Je m'accroupis sur le sol. Ce sont sûrement des hommes de Daech. Même s'ils nous ont vus, je m'en fiche. J'ai perdu tout espoir. Nous n'avons plus aucune chance de nous en sortir. Finalement, au bout de quelques minutes, le silence revient. Personne.

Shirin repart fouiller les autres maisons avec Farhad, elle ramène des batteries de téléphone portable. Je les essaie une par une sur mon mobile mais aucune ne fonctionne. Elle sort aussi un sac plastique :

— J'ai trouvé ça dans un placard !

Ce sont des lentilles. Avec le reste d'eau croupie, nous les faisons bouillir pour nourrir les enfants. La nourriture nous redonne un peu de force, malgré son goût infect. Je décide de poursuivre la fouille dans les maisons voisines. Dans une commode, je découvre une autre batterie de téléphone. Cette fois-ci, elle est compatible avec mon portable ! Nous avons encore une chance de nous en sortir. J'appelle Azad. Il décroche immédiatement.

— Sara ! Où êtes-vous ? Je pensais que vous étiez morts de soif ! Berivan et les autres sont sains et saufs en haut de la montagne.

— Nous sommes dans un village yézidi pas loin de la cimenterie.

— J'envoie des gens venir vous chercher !

Soudain, j'entends Shirin pousser des hurlements. Je murmure :

— Non, Azad, c'est trop tard, les hommes de Daech sont là.

18

Le dôme d'un temple

Je rejoins Shirin sur le pas de la porte. Nous distinguons des silhouettes au loin. Des hommes armés. Nous serrons les enfants dans nos bras. C'est fini. Le piège se referme. Nous allons retomber entre leurs griffes.

Mais alors que les hommes se rapprochent, je reconnais certains d'entre eux. Des villageois de Kocho. Ce sont des yézidis ! Ils sont venus nous chercher. J'oublie toute ma fatigue et toute ma douleur d'un seul coup.

— Sara, Shirin ! Enfin nous vous retrouvons ! lance l'un de mes anciens voisins tout essoufflé. C'est Jotyar, le fils d'un ami de mon père, qui a rejoint la milice de la montagne.

Nous pleurons de joie. Jotyar n'en revient pas.

— Nous vous avons cherché partout, nous avons aperçu au loin un groupe de femmes qui marchaient dans une vallée. C'était donc bien vous !

Ils nous offrent des bouteilles d'eau. L'eau fraîche qui coule dans notre bouche est une sensation divine.

Puis nos anges gardiens nous emmènent sur la route. Là où les habitants du village ont abandonné leurs voitures.

Soudain, une pluie battante nous inonde. Comme si nous étions maudits. Il est 13 heures et nous nous mettons à l'abri dans des véhicules jusqu'au lendemain matin. Lorsque le soleil se lève, nous repartons à pied dans les flaques de boue.

Les hommes portent les enfants dans leurs bras. L'un d'eux ramène un tracteur pour nous transporter. La route de terre en montée est extrêmement glissante. Le tracteur dérape et manque de se retourner à plusieurs reprises. Nous sommes cramponnées à l'arrière avec les petits. Nous n'arriverons jamais vivants.

*

Au bout d'une heure, nous apercevons au loin le dôme conique d'un temple yézidi. C'est le village de Sinouné, qui abrite le mausolée du saint Sharafudin. Nous avons quitté le territoire de l'État islamique, nous sommes sauvés.

Les miliciens nous installent dans un immense bâtiment lumineux meublé de canapés. En temps normal, c'est la maison d'hôte destinée à recevoir les pèlerins venus se recueillir dans le mausolée. Le groupe armé qui protège le village en a fait son quartier général.

Le chef de la milice nous rend visite. Il s'appelle Qassim Shesho, il porte une épaisse moustache et parle d'une voix caverneuse. C'est le grand résistant du Sinjar. Qassim Shesho est un vétéran, il avait déjà pris les armes contre Saddam Hussein et menait une guérilla depuis les montagnes dans les années quatre-vingt. Il a ensuite vécu longtemps en Allemagne.

Cet été, lors de l'attaque de Daech, il était dans son village de Sinouné. Plutôt que de fuir, il a pris les armes avec l'aide d'un petit groupe d'hommes et il a tenu tête aux combattants du Califat. Il nous accueille avec bienveillance. Il fait apporter du thé, de l'eau, des chocolats pour les enfants. Il maugrée :

— L'État islamique est le fils de Saddam Hussein et d'al-Qaida. Ils ont des armes lourdes mais aucun courage. Moi, si j'avais de bonnes armes, je reprendrais le Sinjar en deux jours !

La carcasse d'un véhicule blindé carbonisé gît dans un champ en contrebas, les yézidis sont parvenus à le détruire avant qu'il n'entre dans le village.

La femme de Qassim Shesho nous donne un baume pour soigner nos pieds blessés. Mes orteils sont noirs et violets, je peux à peine marcher. Tout mon corps me fait souffrir, j'ai l'impression d'avoir 100 ans. Des habitants du village nous préparent à manger. Notre premier vrai repas depuis une éternité. Des galettes à peine sorties du four. L'odeur du pain tiède. Les enfants sautent de joie en voyant arriver un plat de poulet grillé. C'est un véritable festin. Nous nous régalons comme jamais.

*

Une fois rassasiés, nous sommes emmenés en pick-up au sommet de la montagne. Il y a là un camp de fortune, et même une clinique sous tente avec des médecins. Les miliciens nous indiquent une tente vide où nous pourrons dormir. Après ces semaines d'horreur et d'incertitude, je savoure cette sensation de liberté.

En pleine nuit, des tirs résonnent. Des cris. Daech attaque à nouveau le village de Sinouné. Tous les hommes se précipitent les armes à la main. Un brouillard épais est tombé sur la montagne. La milice parvient à repousser les assaillants.

Le lendemain, il pleut sans discontinuer. La pluie ne s'arrêtera donc jamais… Le chef de la milice est désolé pour nous, mais l'hélicoptère qui assure la liaison avec Dohuk ne peut se poser dans ces conditions. Nous sommes tellement déçues. Et si impatientes de retrouver Azad et les autres membres de notre famille qui sont là-bas.

Finalement, le cinquième jour, le soleil revient, et nous entendons le ronronnement de l'appareil. Il se pose dans un tourbillon de poussière. Nous montons à bord avec les enfants.

Mais, alors que l'engin décolle, nous essuyons à nouveau des tirs. L'une des pales est légèrement touchée. Le pilote crie que nous poursuivrons malgré tout le trajet. L'appareil semble tenir le coup. J'aperçois les champs dorés et les villages blottis au sol, notre montagne sacrée qui s'éloigne. Une nouvelle vie commence dans ce ciel.

*

Nous arrivons à la base trente minutes plus tard. Je reconnais de loin Azad qui nous attend sur le tarmac. Je suis dans un état second, comme si ce moment était irréel. J'ai l'impression que des années entières se sont écoulées depuis la dernière fois que j'ai vu mon frère. C'était l'été, nous étions en famille à Kocho, je lui parlais de mon mariage…

Azad pleure de joie, il embrasse Shirin et son petit garçon, il nous serre dans ses bras de toutes ses forces. Son visage a vieilli, ses rides sont marquées, il a l'air épuisé. Il était si impatient de nous revoir, il maudissait lui aussi cette satanée pluie :

— J'ai surveillé le ciel sans arrêt ces derniers jours en priant que la pluie s'arrête, j'avais tellement hâte !

J'ai presque oublié toute la fatigue, la fuite éperdue, mes pieds blessés. Ce qui me préoccupe, c'est le sort de nos proches qui ont disparu, ceux qui sont toujours prisonniers. J'assaille Azad de questions.

Sait-il où est notre père ? Et notre mère ? Azad semble terriblement abattu. Il dit qu'il n'a eu aucune nouvelle. Yasmine a-t-elle appelé ? Elle ne donne pas signe de vie, Seve non plus. Elles ont sans doute été envoyées en Syrie.

Je garde le silence pendant le trajet, plongée dans mes pensées. Pourquoi devons-nous subir de telles atrocités ? Je ne pensais pas m'en sortir vivante. Ces hommes sont des monstres, des robots sans cœur.

Azad n'en revient pas que nous soyons là, en chair et en os à ses côtés. Il raconte qu'il a tout tenté pour nous faire sortir du village où nous étions enfermées. En vain. Aucun de ses contacts ne voulait prendre le risque.

Depuis le milieu du mois d'août, il a habité à droite à gauche, hébergé chez des gens qu'il ne connaissait pas ou dormant dans des maisons vides. Il passait des nuits entières à attendre des appels. Quand je lui ai annoncé que nous allions fuir, il est resté constamment son téléphone à la main pendant deux jours. Il est si soulagé que nous nous en soyons sortis.

Mais le cauchemar n'est pas terminé.

19

Nos voisins, les traîtres

Quand nous vivions à Kocho, nous avions des relations très cordiales avec nos voisins arabes des villages alentour. Parfois, ceux qui n'avaient pas de moyens venaient emprunter de l'argent à mon père pour aller chez le médecin. Nous leur donnions des légumes du potager, ils achetaient des produits dans nos épiceries. Nos maçons construisaient leurs maisons.

On m'a raconté qu'en ville, à Erbil la capitale, les yézidis sont discriminés. Les Kurdes musulmans pensent qu'ils sont sales et les méprisent. Les yézidis là-bas ont du mal à trouver un travail, un logement. Les restaurants ne veulent pas de serveurs yézidis car ils perdraient leur clientèle. Les yézidis doivent parfois mentir et cacher leur religion. Il existe beaucoup de préjugés contre nous.

Mais, à Kocho, nous vivions en paix tous ensemble. Les jeunes garçons musulmans jouaient au football avec mes frères, il y avait des championnats entre équipes mixtes. Nos amis arabes étaient invités à nos célébrations de mariage. Ils assistaient même à nos cérémonies religieuses comme le Mercredi rouge au printemps, on offrait à leurs enfants des grenades, des jus d'orange. Et nous, les familles yézidies, étions invitées chez eux pour célébrer la grande fête de l'Aïd à la fin du ramadan. Ces familles musulmanes vivaient là-bas avec nous depuis des siècles.

Après la chute de Mossoul, les villages arabes sont passés sous le contrôle de Daech, et nous avons perdu le contact avec eux. Début août, certains chefs arabes venaient pourtant nous voir pour nous promettre qu'il n'arriverait rien aux habitants de Kocho.

Mais la prospérité de notre village a sans doute créé de la jalousie et du ressentiment. Et la montée en puissance des partis kurdes, qui revendiquent le Sinjar pour l'intégrer au Kurdistan, a aussi provoqué l'inquiétude des Arabes sunnites locaux.

C'est pourquoi quand Daech est venu, de nombreux Arabes de la région les ont rejoints, et ils ont pris les femmes et les richesses des yézidis. En fait, certains Arabes étaient déjà des informateurs de Daech, ils cachaient des combattants dans leurs maisons et leur fournissaient des armes pour leurs combats contre Bachar al-Assad dans la Syrie voisine.

Quand nous avons réalisé que nos voisins arabes nous avaient trahis, nous ne pouvions pas y croire. Des yézidis qui fuyaient ont frappé à leurs portes mais ils ont refusé de les cacher, parce qu'ils avaient peur. Ou, pire, parce qu'ils cautionnaient ce qui leur arrivait. Mais, malgré le danger, d'autres ont pris le risque de sauver des familles et d'aider des prisonniers à s'enfuir. Ceux-là, nous leur en serons toujours reconnaissants.

20

L'absence

Nous regardons la petite télévision qui grésille, serrés dans des couvertures. L'écran est toujours allumé, les informations défilent. Les images montrent le Premier ministre du Kurdistan, Barzani, qui se rend sur le mont Sinjar en hélicoptère. Il est accueilli par les miliciens et les habitants dans la liesse. Qassim Shesho est interviewé.

En décembre dernier, les bombardements de la coalition et l'offensive des peshmergas ont enfin permis de reprendre une partie du district du Sinjar. Les forces kurdes ont reçu des armes des pays européens et des États-Unis, ils peuvent tenir tête à Daech sur le front.

Mais notre village est toujours aux mains du Califat. Et chaque jour ma colère grandit. Chaque jour sans mes frères et sœurs, sans ma mère, sans mon père… Azad égrène nerveusement les perles de son chapelet. Il murmure :

— On ne rentrera pas chez nous, même si Kocho est libéré. Il y a trop de fantômes là-bas, il y a eu trop de morts.

Les enfants traînent dans la maison. Les plus grands ne sont pas retournés à l'école, ils sont en deuil, ils sont encore trop tourmentés. Notre vie est maintenant rythmée par les distributions de nourriture pour les réfugiés. Des ONG apportent des sacs de provisions et des couvertures, mais nous sommes des milliers dans ce village à survivre dans des abris de fortune.

Nous nous débattons avec des problèmes financiers. Azad ne peut pas trouver de travail ici. À Kocho, nos champs n'ont pas été récoltés, nous n'avons plus aucun revenu.

Les journées se passent à attendre des appels incertains pour avoir des nouvelles. Parfois, je repense aux moments de bonheur de notre vie, quand nous étions tous ensemble. J'aime regarder les photos. Malgré nos péripéties, j'ai pu en garder quelques-unes, emballées dans un sac plastique.

Je contemple le visage de mes sœurs, de mes frères, de mes parents. Les photos des jours heureux. Un pique-nique dans la montagne le jour de Norouz, la fête du nouvel an kurde, où nous sommes pieds nus, en tailleur, devant des plats que j'avais préparés avec maman.

Mon frère Kovan, si élégant dans une belle chemise blanche, et ses lunettes noires de star. Ma petite

Yasmine, dans une robe rose pâle, ses joues rondes et son air sérieux, les cheveux noués en queue-de-cheval. Mon père, et sa moustache fière, qui pose en tenue traditionnelle, un pantalon ample ceinturé d'une épaisse bande de tissu. Nadia, belle comme un cœur dans une robe turquoise, lors d'une fête de mariage… Ces images me plongent dans une nostalgie terrible. Tous ont disparu. Il ne me reste que ces photos pour me souvenir.

*

Des cris de joie résonnent à l'entrée de la maison. Une voisine est venue apporter des nouvelles, une jeune fille de Kocho a pu s'enfuir, elle doit arriver bientôt à Dohuk. Régulièrement, des femmes parviennent à s'échapper. Elles sont récupérées par le réseau de passeurs qui aident les yézidis à quitter le territoire de Daech.

Après notre arrivée à Dohuk, nous avons logé quelques jours chez la famille d'un notable local. Azad essayait de nous trouver un toit, mais il y avait déjà tellement de réfugiés dans la ville que les prix ont explosé. Avant les événements, le loyer d'une maison dans un village s'élevait à 200 dollars, désormais c'est 700, voire 1 000 pour un petit appartement en ville. Des camps de tentes gigantesques s'étalent à l'entrée de Dohuk.

Azad ne voulait pas que nous nous installions dans un camp, bien que l'eau, l'électricité et la nourriture y soient gratuites. Il dit qu'il y a eu des accidents, des tentes ont pris feu à cause des chauffages au kérosène, des femmes et des enfants sont morts brûlés vifs à l'intérieur. Azad voulait nous trouver un endroit sûr et confortable où nous pourrions loger tous ensemble. Il disait que nous avions assez souffert.

Finalement, dans un village près de la frontière syrienne, il a trouvé une maison en construction. Son propriétaire est en Allemagne, mais Azad est parvenu à le joindre. C'est un homme généreux, et il a accepté de nous prêter les lieux au moins pour passer l'hiver. Azad a installé l'électricité lui-même à l'intérieur avec des câbles.

Dans la première pièce, il fait si froid et humide que notre souffle produit de la vapeur.

La deuxième pièce est en béton gris nu, une bâche blanche couvre l'encadrement d'une fenêtre béante. Nous sommes en sécurité ici même si c'est sommaire. Mais je ne peux m'empêcher de penser que nous sommes toujours dans une prison. Nous n'avons plus nos parents, juste nos yeux pour les pleurer. Nous nous sentons abandonnés.

21

Le visage de mes sœurs

Un soir, ma sœur Yasmine a réussi à contacter Azad. Une petite voix craintive qui semblait à l'autre bout du monde :

— Azad ? C'est toi, Azad ?

— Yasmine ! Ma chérie ! Où es-tu ?

— Je suis à Mossoul. Je suis enfermée dans une chambre depuis quinze jours.

— Tu es chez qui ?

— Je suis chez Kader, tu sais le gendre d'Amin, l'ami de Papa. Il a promis de me garder chez lui et de me traiter comme sa propre sœur. Mais, lorsqu'il m'a emmenée, un amir l'a prévenu qu'il viendrait me récupérer plus tard.

— Yasmine, tu dois t'enfuir de cette maison.

— Si je m'enfuis, ils ont menacé de tuer toute la famille qui m'héberge, même leurs enfants…

— Ce ne sont que des menaces, Yasmine, il faut que tu te sauves.

Elle retient un sanglot.

— Où est notre père, Azad ?

Azad n'ose pas lui dire la vérité.

— Papa a été emprisonné.

Yasmine nous a rappelés une semaine plus tard. Elle a été envoyée dans une autre maison de Mossoul, elle a menacé de se suicider si elle restait seule. Ses geôliers ont accepté que sa cousine, la petite Seve âgée de 12 ans, la rejoigne. Elle annonce à Azad :

— On va s'enfuir avec Seve. Il y a trois gardes qui nous surveillent. L'un d'eux a promis de nous aider. Il va distraire les autres.

— Fais attention, Yasmine, je ne lui ferais pas confiance si j'étais toi, c'est un homme de Daech.

— Si, Azad, je te jure, il va nous couvrir.

— Je vais prévenir l'oncle Raman, il trouvera quelqu'un pour aller vous chercher dès que vous serez sorties.

Grâce à ses contacts à Mossoul, Raman trouve un chauffeur, qui accepte de venir prendre les petites moyennant 7 000 dollars. Yasmine a indiqué l'emplacement de la maison, elle a vu des panneaux en arrivant. À 10 heures du matin, une voiture se gare devant l'habitation. Les geôliers sont sortis faire une course. Les filles se faufilent dehors et grimpent dans la voiture. Le véhicule démarre, le chauffeur emmène les petites chez lui. Yasmine rappelle Azad. Elle est en sécurité.

À 14 heures, le chauffeur contacte Azad. C'était un piège. Le garde soi-disant complice a débarqué chez lui, après les avoir suivis. Il lui a mis une arme sur la tempe. Il réclame la somme de 15 000 dollars pour le laisser partir avec les filles. Azad doit lui faire parvenir ce montant au plus vite.

Catastrophé, Azad part pour Dohuk emprunter 8 000 dollars à un ami. Il contacte le chauffeur et demande à parler au garde. Il lui explique qu'il a l'argent mais qu'il ne le lui donnera qu'une fois les filles en sécurité à Kirkouk. Le garde accepte, il l'informe que Yasmine l'appellera une fois sur place.

Azad attend l'appel. Nous sommes optimistes, nous pensons enfin revoir les filles. Mais aucune nouvelle n'arrive.

À la place, il reçoit un appel du père du chauffeur. Le vieil homme est très énervé :

— Mon fils a été fait prisonnier ! Ils menacent de le tuer si je ne verse pas 15 000 dollars pour le faire libérer. Moi, je n'ai pas d'argent ! Tu dois payer pour lui, car tout est de ta faute ! Paie la rançon et ta sœur Yasmine sera aussi relâchée.

Azad accepte, il emprunte à nouveau à un ami et fait transférer 15 000 dollars à un intermédiaire. Peu de temps après, nous apprenons que le chauffeur a bien été libéré. Mais pas de nouvelles de Yasmine.

Azad est furieux. Il rappelle le père qui réplique sèchement :

— J'en ai assez de toi et de ta sœur qui me créent des problèmes, je n'ai pas d'argent à te rembourser ! Débrouille-toi !

Deux jours plus tard, nous avons enfin un appel de Yasmine. Elle est en larmes :

— Tout cela n'était qu'un mensonge, les gardes nous ont ramenées dans la maison où nous étions au début. Les hommes de Daech voulaient juste nous tendre un piège.

— Tu sais, j'ai dû payer 15 000 dollars de rançon, ils avaient promis de te libérer.

Yasmine est écœurée :

— Je sais ! Pourquoi tu as payé cette ordure ? Kader a ricané quand j'ai été ramenée chez lui. Il disait : « Quel imbécile, ton frère, comment a-t-il cru que j'allais te revendre ? »

Après cet appel, nous perdons le contact avec Yasmine. Ce n'est que dix jours plus tard qu'elle se manifeste à nouveau. Elle pleure au téléphone. Elle dit qu'elle est toujours enfermée chez Kader, l'Arabe de Mossoul. Il a mis des barreaux aux portes et aux fenêtres pour l'empêcher de s'enfuir. Ma sœur l'a supplié de la tuer, qu'il en finisse avec elle.

Kader a des invités chez lui, des djihadistes étrangers. Il y a un Allemand, un couple d'Américains et un Australien. Ces étrangers ont dit à Yasmine qu'ils la gardaient à l'œil. Que si elle imaginait pouvoir s'échapper, elle pouvait oublier ses plans.

L'Allemand est un homme d'origine kurde qui fait du trafic de drogue. Il a proclamé qu'il allait décapiter son propre père qui est selon lui « un mauvais musulman ».

Une semaine plus tard, Yasmine rappelle à nouveau. Elle a été envoyée en Syrie avec un Égyptien et sa femme. Elle ne sait pas où exactement. Elle a été séparée de Seve.

Elle s'est enfuie un jour par la fenêtre de la cuisine pendant que ses geôliers déjeunaient dans le salon. Une fois dans la rue, elle a voulu prendre un taxi, mais ils l'ont rattrapée. Et rouée de coups. Kader l'a fait revenir à Mossoul, dans une nouvelle maison, où elle a retrouvé Seve. Yasmine dit qu'elle ne connaît pas l'adresse, elle va essayer de trouver un moyen de localiser la demeure.

Quand Azad me raconte cela, je ne peux retenir mes larmes :

— Si jamais elle te rappelle, dis-lui de s'enfuir, quoi qu'il arrive. Même si elle risque d'être tuée. Il faut qu'elle s'enfuie.

Depuis, nous n'avons plus de nouvelles. Tous les jours, nous essayons de joindre Yasmine, Seve… Tous les jours. Je suis tellement inquiète. Les filles qui ont réussi à s'enfuir reviennent avec des histoires terribles. Ces gens de Daech sont des sadiques. Ils se laissent aller à toutes leurs perversions sur les adolescentes et les fillettes qu'ils gardent en captivité. Nous donnerions n'importe quoi pour mettre en sécurité ma petite sœur. Cette situation nous rend fous.

*

J'ai réussi à contacter Nadia. Ma sœur si douce. Je la revois encore quitter la cour de l'école dans le village où nous étions prisonnières, ses longs cheveux auburn en bataille, ses yeux terrifiés. Monter dans la voiture de l'amir comme on part à l'abattoir. Nous avons appris par une voisine du quartier que Nadia se trouvait à Tal Afar. Cette voisine a le numéro d'un des gardes. Je le contacte pleine d'espoir. Je demande à parler à Nadia. L'homme hésite un instant. Puis il accepte. J'attends quelques minutes.

— Allô ?

— Sara !

— Nadia ! Ma chérie ! Je suis si contente de t'entendre. Tu sais, nous nous sommes échappées. Je suis près de Dohuk avec Azad.

— Dieu soit loué ! Moi, je suis enfermée dans une maison avec un groupe de femmes.

— Nadia, trouve un moyen de t'échapper. Nous allons contacter quelqu'un pour te récupérer.

— Je vais essayer. Rappelle-moi dès que possible.

De fil en aiguille, nous avons pris contact avec Abou Bakar, un homme de Tal Afar. Il ne connaît pas directement des membres de Daech mais il peut nous aider. C'est un ami de mon oncle Raman qui nous l'a recommandé. Abou Bakar doit aller se poster devant le bâtiment où est détenue ma sœur. Je rappelle le garde et je préviens Nadia :

— Sors de la maison maintenant. Une fois dehors, tu trouveras un homme qui t'attend, il allumera son briquet comme signe de reconnaissance. Il s'appelle Abou Bakar.

— D'accord. J'attends que le garde monte faire sa ronde à l'étage et je sors dans la rue.

— Bonne chance !

Une demi-heure plus tard, nous contactons Abou Bakar. Il nous assure qu'il a attendu en vain devant la prison. Il est arrivé cinq minutes après notre appel. Aucune femme n'est sortie. Il ne pouvait pas traîner trop longtemps dans les environs pour ne pas se faire repérer. Il est parti au bout d'un quart d'heure. Nous sommes morts d'inquiétude, qu'est-il arrivé à Nadia ?

Silence radio pendant dix jours. Le garde du bâtiment refuse de nous parler. Abou Bakar a disparu de la circulation. Quand, enfin, un soir, Nadia rappelle, presque hystérique :

— Comment avez-vous pu me faire cela !

— Nadia ! Où es-tu ? De quoi parles-tu ?

— Sara, je suis sortie, personne ne m'attendait…

— Écoute, tu as été trop impatiente, tu aurais dû attendre un peu ! Vous avez dû vous rater à quelques minutes ! Où es-tu maintenant ?

— Je n'ai vu personne dehors et j'ai paniqué, je ne voulais pas retourner dans la maison. Je me suis enfuie dans la rue. Pendant deux jours, je me suis cachée dans un container, dans un immeuble abandonné. Je n'avais rien à manger. Je suis allée frapper à la porte d'une maison en demandant qu'on me cache, le propriétaire a accepté. Je vous le passe, il veut vous parler.

Une voix grave résonne dans le téléphone.

— Salam alikoum… Ne vous inquiétez pas pour votre sœur. Je la considère comme ma propre fille, je ne la donnerai jamais à Daech. Dès que j'en aurai l'occasion, je vous la ramènerai, mais soyez patients.

Nadia est hébergée chez lui pendant quatorze jours. Mais l'homme lui a menti. Il appartient à Daech et il finit par la ramener dans un centre de détention, dans un village proche de Tal Afar. Elle se retrouve à nouveau enfermée dans une maison avec d'autres femmes, des hommes et des enfants. Elle ne parviendra à nous contacter qu'une seule fois. Elle raccroche très vite. Depuis, nous n'avons plus de nouvelles.

Épilogue

En décembre 2014, quand les peshmergas ont libéré une partie du Sinjar, nous espérions qu'ils allaient reprendre la ville de Tal Afar. Mais ils n'ont pas été jusque-là. Un jeune prisonnier qui a pu s'enfuir nous a raconté que tous les prisonniers yézidis de Tal Afar avaient été transférés à Mossoul. Ils sont dans une grande salle de mariage, sous le contrôle de l'odieux Babour. Depuis, nous n'avons plus d'appels. Il y a un black-out, il paraît que Daech a coupé les réseaux à Mossoul.

Une femme est venue nous rendre visite dans le village où nous sommes réfugiés. Amina. Elle travaille pour une association qui aide les victimes yézidies. C'est une ancienne parlementaire yézidie, elle a des connexions, un réseau en Syrie. Elle nous dit qu'elle a aidé beaucoup de filles à s'enfuir. Elle nous a offert de l'argent, des vêtements. Elle a prévenu des médecins pour qu'ils passent nous examiner. Elle enregistre les noms de nos disparus et nous promet qu'elle va faire son possible

En attendant, ma tante Berivan se laisse dépérir. Elle reste allongée sous sa couverture. Elle pense à sa petite Seve, elle s'imagine la fillette jouant à la poupée à côté d'elle. Son fils aîné lui manque aussi. Cela fait de si longs mois qu'elle ne les a pas vus.

Aujourd'hui, cela fait presque un an. Tous les jours, nous espérons des nouvelles. Un homme nous appelle. Ses contacts à Mossoul lui ont dit que des personnes de notre village étaient encore en vie. Mais on ne sait toujours pas ce que sont devenus notre père et notre mère. Nous n'avons pas de nouvelles du fils aîné de Berivan, ni de Hassan son époux. Ni de mes quatre grands frères.

Combien d'autres victimes ?

Mai 2015

Annexes

Nord de l'Irak

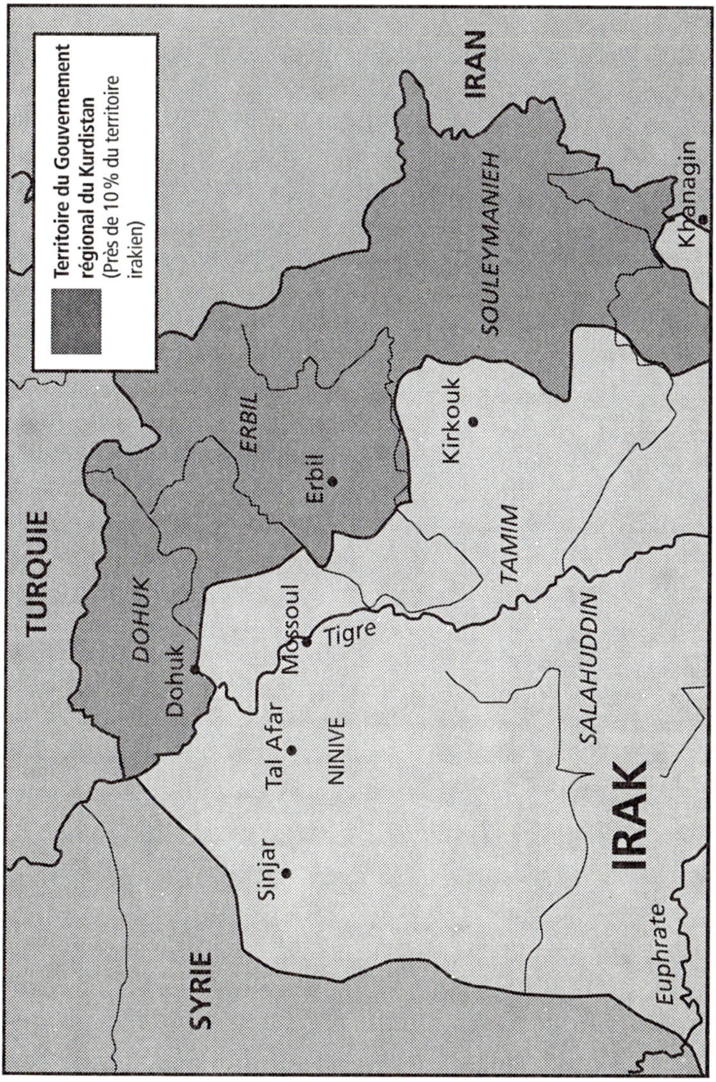

Témoignage d'Amina Saeed, ancienne parlementaire irakienne (2010-2014)

Amina Saeed a créé le Comité d'aide aux femmes qui ont fui Daech. En ce moment, elle héberge quatre familles de proches dans son appartement. « D'habitude, nous sommes trois à la maison, en ce moment nous sommes trente-cinq. Vous ne pouvez pas venir chez moi, il n'y a pas de place ! » Elle donne rendez-vous dans un café de Dohuk.

« Le 3 août 2014, Daech a capturé plus de 5 000 personnes, en majorité des femmes et des enfants. Rien que dans le village de Kocho, 700 femmes ont été faites prisonnières. Au bout d'un mois, certaines sont parvenues à s'enfuir. Mais lorsqu'elles sont arrivées ici à Dohuk, leur calvaire n'était pas terminé, elles n'avaient même pas d'endroit où dormir et elles étaient dans un état psychologique et physique désastreux à cause des viols subis.

Nous avons monté un groupe de volontaires pour les soutenir, puis un réseau pour aider les prisonnières à fuir.

Au début, nous avons aidé à libérer deux, trois personnes grâce à des contacts personnels. Nous avons payé les “frais” des passeurs qui leur font quitter le territoire de l'État islamique, une fois qu'elles sont parvenues à s'échapper.

Mais très vite nous avons été débordés, on nous demandait de nous occuper d'un nouveau cas tous les deux jours, il était impossible de payer pour tout le monde, nous n'avions plus de fonds. Nous avons contacté le gouvernement pour mettre en place un comité, qui dispose maintenant de financements illimités afin de payer les passeurs. Mais nous ne voulons pas que cela devienne un “business avec Daech”.

Pour les prisonnières, tout se passe au cas par cas. Parfois, il n'y a plus de nouvelles, les réseaux sont coupés… Nous savons cependant où se trouvent beaucoup de personnes mais pour des raisons de sécurité je n'en dirai pas plus.

Début janvier 2015, plus de 500 personnes s'étaient échappées, dont 260 femmes et 170 enfants. Leurs récits sont terrifiants. Les hommes de Daech les humiliaient en leur disant : “Vous êtes des salopes, des adoratrices de Satan.” Ils ont violé 90 % des filles, y compris des fillettes. Parmi celles qui se sont échappées, quelques-unes étaient enceintes. Nous les avons aidées à avorter. Qui veut avoir un violeur de Daech comme père de son bébé ?

Les filles sont violées à partir de l'âge de 9 ans. Les premiers jours, les chefs sont venus choisir les plus belles parmi les captives, dans les "marchés de gros". Ils les ont habillées en mariée pour faire leur propagande.

Puis les autres filles ont été vendues par lots, et encore revendues… Elles sont destinées aux combattants de rang inférieur. C'est un commerce. Un combattant possède ses captives, il peut faire ce qu'il veut avec, les violer, les revendre, les échanger avec un ami s'il s'en est lassé… Certaines ont été vendues, quatre, cinq fois…

Il y a quelques jours, nous avons récupéré une fillette de 11 ans. Elle a été violée par un homme de 50 ans. Il lui a dit qu'il avait déjà possédé cinq femmes yézidies.

Une fillette de 9 ans qui était en détention à Mossoul nous a raconté qu'elle s'était mise à hurler parce qu'un vieux horrible avec une grande barbe lui faisait mal. C'est une gamine, avec des barrettes dans les cheveux. Elle ne comprenait même pas ce qu'il lui faisait, elle ne sait même pas ce qu'est le sexe. Son père a été exécuté, sa mère est retenue prisonnière. Elle est toute seule.

Une autre petite qui résistait à son violeur a été torturée. Elle m'a montré son corps couvert de plaies. D'autres filles qui ne se laissaient pas faire ont été privées de nourriture pendant trois jours. Une autre qui a essayé de s'enfuir a été battue pendant plusieurs jours, elle ne pourra plus jamais remarcher normalement.

Une fois que les plus jeunes ont été "écoulées", cela a été le tour des femmes mariées d'être vendues. Ils ont aussi fait prisonnières les femmes plus âgées, les grand-mères. Pourquoi ? Ça, c'est un mystère. On n'a aucunes nouvelles d'elles, peut-être sont-elles mortes de faim ou de chagrin. On ne sait pas ce qu'il est advenu d'elles.

Les victimes que nous récupérons sont très déprimées. Certaines ont des moments d'absence, d'autres des crises de colère, d'autres encore s'évanouissent. Elles ne peuvent pas dormir, elles font des cauchemars. Elles sont traumatisées.

Pendant leur détention, elles avaient pu garder espoir de retrouver leur famille, mais, une fois qu'elles arrivent ici après avoir fui leurs bourreaux, elles sont confrontées à la réalité : leur famille est décimée, leur père, leurs frères ont été exécutés, leur mère est en détention… Elles sont seules, elles n'ont plus de maison, aucun endroit pour dormir. Ces filles ont besoin de soins et de se sentir en sécurité.

À leur retour, elles sont acceptées par la société, on ne les rejette pas, on les considère comme des victimes. Pour trouver un époux, cela dépendra de la mentalité du garçon. Il faut qu'il accepte ce qui est arrivé à la jeune fille, qu'il la soutienne.

Les enfants prisonniers sont aussi durement éprouvés. Les petits garçons sont enlevés à leurs mères. Les hommes de Daech veulent les endoctriner pour en faire des fanatiques, ils leur lavent le cerveau. Selon la charia, ils sont gardés comme butin et forcés à se convertir à l'islam. Même une fois convertis, ils restent prisonniers. Peut-être que le Califat voudra les envoyer un moment ou à un autre au front, comme chair à canon. Ceux qui ont pu fuir sont traumatisés et ils ont des problèmes de santé à cause du manque d'hygiène.

Ce qui se passe est tragique. Moi-même je me sens perturbée à cause de tout ce que j'entends. L'ampleur de cette tragédie est immense, on ne pourra jamais soulager toutes les douleurs, mais nous faisons ce que nous pouvons. Aucune aide n'est apportée pour nos prisonniers. Il n'y a pas d'échanges, de négociations, c'est quand même incroyable ! Quand un journaliste occidental est kidnappé, c'est le branle-bas de combat pour le faire libérer.

Imaginez que nous, nous avons 5 000 prisonniers ! Surtout des femmes et des enfants ! Et personne ne bouge pour tenter de les libérer ! Ce silence est ahurissant.

Quand nous avons donné aux Américains les coordonnées de Kocho, qui est resté assiégé pendant douze jours, ils n'ont rien fait pour libérer les habitants. Il n'y avait pourtant que six ou sept gardes qui les surveillaient. À de nombreuses reprises, il aurait été possible d'intervenir pour sauver des prisonniers.

Le 27 novembre, quand les peshmergas ont lancé une offensive à Sinjar, Daech a déplacé ses prisonniers de Tal Afar vers Mossoul. Dès qu'il y a un mouvement militaire, cela bouge aussi du côté de Daech et donne l'occasion d'intervenir. La coalition et les peshmergas pourraient se coordonner pour les sauver. Nos prisonniers sont des êtres humains tout de même. Si nous attendons que Daech les libère, nous pouvons attendre longtemps.

Notre communauté est détruite, elle est déjà éparpillée dans le monde à cause des persécutions passées. Et maintenant nous avons tous ces prisonniers. On se demande pourquoi Daech a été si cruel avec nous. Ils disaient aux femmes : “Vous méritez tout cela car vous êtes des infidèles !”

Nous voulons que ce qui nous arrive soit reconnu comme génocide, car ils ont commis tous les crimes que l'on peut imaginer contre nous, et cela en plus au nom de leur religion. Les chrétiens de Mossoul ont été expulsés de chez eux, mais ils n'ont pas été tués ou emmenés en esclavage comme nous. »

Témoignage de Nada, 16 ans

Nada survit dans la charpente d'un bâtiment en construction, ouvert aux quatre vents, avec des dizaines d'autres réfugiés. L'abri est dérisoire : une tente blanche, avec au sol un tapis, des matelas roulés et des valises empilées dans les coins. Un petit Butagaz contre le froid mordant de la nuit. Bientôt, les travaux doivent recommencer et les squatteurs devront se trouver un autre refuge. Un camp officiel de tentes a été monté en ville, mais il accueillera en priorité les déplacés qui dorment dans les écoles, pour permettre la rentrée scolaire des enfants de Dohuk. Nada, visage doux et pâle, porte une robe et un voile noirs, une tenue de deuil.

« Je viens de la ville de Sinjar. Je vivais là-bas avec ma grand-mère, ma mère, mon frère de 19 ans. Mon père est parti travailler à Mossoul en 2006 et il a disparu, il a sans doute été tué. Du coup, j'ai dû arrêter l'école, on n'avait plus du tout d'argent.

Le 3 août, un ami yézidi nous a appelés, il nous a dit que Daech encerclait la ville, cela ne servait à rien de fuir dans la montagne. Nous avons attendu, terrés dans notre maison. Un voisin arabe nous a dénoncés, notre voisin depuis dix ans, il a prévenu Daech que des yézidis habitaient à côté de chez lui.

Les hommes de Daech sont entrés dans notre maison, ils ont emmené mon grand frère. Puis nous avons été emmenées avec ma mère dans le bâtiment du bureau déserté du PDK (Parti kurde). Ils ont dit qu'ils allaient nous ramener chez nous bientôt. En fait, ils nous ont fait monter dans un bus où se trouvaient d'autres yézidis. Le trajet a duré un peu moins d'une heure et nous sommes arrivés dans la ville de Tal Afar, nous avons compris qu'ils nous réservaient un autre sort. Il y avait trois bus qui se suivaient avec des véhicules militaires entre chaque.

À Tal Afar, on nous a enfermées dans une école, il n'y avait que des femmes, c'était bondé. Les geôliers étaient des hommes de la ville. Le premier jour, ils nous ont dit : "On vous a capturées pour que vous vous convertissiez à la vraie religion. Soit vous devenez musulmanes, soit on vous tue !" Au début, nous avons résisté, mais nous n'avions pas vraiment le choix.

Le lendemain, on nous a emmenées à la prison de Badouch, entre Tal Afar et Mossoul. Nous sommes restées neuf jours là-bas, entassées dans une grande salle. L'eau et la nourriture étaient épouvantables. Puis nous avons été ramenées à Tal Afar dans l'école.

Là-bas, les gens de Daech ont mis de côté les filles de 10 à 30 ans et même les femmes mariées qui étaient les plus belles. Je les suppliais de me laisser avec ma mère, mais ils répondaient : "Vous allez dans un meilleur endroit, plus confortable."

Nous avons été emmenées en bus à Mossoul, et enfermées dans une maison de trois étages, derrière une grande mosquée. Le premier jour, leur chef, Abou Omar, est venu avec quatre hommes. Ils ont choisi les plus belles filles et même une femme mariée qui avait un petit garçon.

Il était assez vieux et portait une barbe courte. La maison était entourée de gardes, impossible pour nous de fuir. Après trois jours, Abou Omar nous a donné à un autre chef, un dénommé Abou Bachir, à Bahaj près de Sinjar. Il y avait trois bus remplis de filles.

Nous avons passé une nuit dans une maison, Abou Bachir est venu avec ses hommes choisir les plus belles filles, il en a pris trois ou quatre. Elles essayaient de résister mais ils les ont prises par la force. Puis on nous a emmenées dans une école près de Bahaj. Nous y sommes restées une semaine avant d'être envoyées à Rambusi. Là-bas, Abou Bachir est venu chercher d'autres filles. Et il m'a vendue à un dénommé Abou Idris. Il tirait au sort quelle fille irait à quel homme.

Abou Idris est venu me chercher, il avait un bouc, les cheveux longs, une vingtaine d'années. C'était un Turkmène de Tal Afar. À Rambusi, nous étions six filles dans une maison, une pour chaque combattant. Nous y sommes restées quinze jours, ils nous apportaient à manger et on cuisinait. Abou Idris m'a violée plusieurs fois.

Puis il a dit que moi et une autre fille nous allions être vendues à un Syrien de Raqqa. Mais avant que ce Syrien vienne nous chercher, je me suis enfuie avec l'autre fille. Abou Bachir était dans la maison, il dînait avec ses hommes. Il avait mis son portable à charger dans la cuisine.

Nous l'avons volé et nous sommes allées sortir les poubelles. Nous avons jeté un coup d'œil, personne ne nous avait suivies, alors nous sommes parties en courant dans les bois. Les hommes nous ont poursuivies, ils ont ouvert le feu mais nous avons continué notre course à perdre haleine. Nous avons couru toute la nuit et nous avons trouvé une maison vide sur notre chemin. Nous nous sommes réfugiées là mais des combattants sont arrivés. Nous avons grimpé sur le toit en panique. On les entendait qui cherchait des bouteilles de gaz dans la maison. Cela a duré une heure, ce fut l'heure la plus longue de ma vie.

Quand ils sont partis, nous sommes descendues et nous sommes restées cachées dans la maison. On a réussi à joindre le frère de mon amie qui était dans la montagne de Sinjar, il nous a dit qu'il cherchait un passeur et qu'il nous rappellerait. Le téléphone a sonné et en décrochant on a entendu la voix terrifiante d'Abou Bachir qui hurlait "Où êtes-vous ? On va vous retrouver !" On a raccroché immédiatement. Et là on a vu les lumières des phares d'une voiture sur la route. Nous sommes parties en courant, on entendait les balles siffler au-dessus de nos têtes.

Nous avons atteint un verger et nous nous sommes aplaties sur le sol, je sanglotais mais mon amie m'a couvert la bouche avec sa main. Nous avons continué et nous sommes arrivées dans un village désert, une meute de chiens errants s'est mise à nous poursuivre. Ils étaient attirés par l'odeur des cadavres qui gisaient dans le village.

Nous sommes arrivées près d'un chantier, on voyait des hommes avec des lampes de poche. On s'est jetées dans un fossé. Le matin, en se réveillant, nous avons trouvé une échelle et nous avons pu en sortir. Le frère de mon ami a enfin rappelé, et nous avons réussi à le rejoindre dans la montagne. Nous étions sauvées.

Je vis avec mon oncle, le frère de mon père. C'est lui qui m'a recueillie. Quand je suis revenue à Dohuk, une amie m'a emmenée chez le médecin pour vérifier que je n'étais pas enceinte. Heureusement non.

Ma mère est toujours à Tal Afar, j'ai pu la joindre une fois. Elle a essayé de s'échapper mais elle a été rattrapée. Je reçois toujours des menaces sur mon téléphone : “On sait que tu es à Dohuk, si tu ne reviens pas, on va tuer ta mère.”

Mon frère a été tué. Je l'ai su la semaine dernière quand j'ai vu une photo sur Facebook postée par notre voisin, le traître. Mon grand frère est allongé sur le sol, les mains attachées dans le dos, une balle dans la tête. J'ai des photos dans une enveloppe, des photos de ma vie d'avant où je suis une jeune fille élégante, maquillée. J'ai une photo de mon frère, il était très beau.

Je le vengerai, je tuerai un homme de Daech. »

En apprenant la mort de son frère, Nada a tenté de se suicider deux fois, en se jetant du haut de l'immeuble, et sous les roues d'une voiture. Depuis cette interview, elle a été recueillie par une famille de Dohuk.

Table

Annexes

Cet ouvrage a été imprimé en France
en août 2015 par

FIRMIN-DIDOT

27650 Mesnil-sur-l'Estrée
N° d'impression : 129476

N° d'édition : L.01ELKN000572.N001
Dépôt légal : août 2015

Cet ouvrage a été mis en page par IGS-CP
à L'Isle-d'Espagnac (16)